10代のうちに知っておきたい

起業家マインド

未来を切り拓く新しい選択肢　連続起業家/ビジネス教育研究家　福山敦士

主婦と生活社

はじめに

「起業」と聞いて、

どんなことを思い浮かべますか？

SNSで見る、やり手の経営者の姿でしょうか。

それとも、
「自分には関係ない」「難しそう」
と感じてしまうでしょうか。

「ちょっと興味はあるけど、
どこから手をつけたらいいかわからない」
と思っているかもしれませんね。

この本を手に取ったあなたは、
きっと

「今の自分を変えたい」

「やりたいことで生きていきたい。
でも、やりたいことが何かわからない」

と思っているんじゃないでしょうか。

あるいは、すでに一歩を踏み出してみたけれど、
なかなかうまくいかずに
悩んでいるのかもしれません。

僕はこれまで、何度も起業をしてきました。
自分で会社をつくったり、
大きな会社の経営をしたり、
新しい事業を立ち上げたり。

たくさんの成功と、
それ以上にたくさんの失敗を経験してきました。

いまは、それらの経験を
若い人たちに伝えるため、
高校で教える仕事もしています。

そんななか、僕が強く思うのは、

"起業"という道を
もっと身近な選択肢にしたい！

ということです。

「起業」は特別な人だけが
選ぶものではありません。

これからの時代、
自分の力で未来を切り拓く
「起業家の考え方」をもつことが、
とても大切になると思っています。

この本では、
起業のやり方を教えるだけではなく、
僕自身の実体験や、
世界中の起業家たちの話を紹介します。

「どうして起業をしようと思ったのか」

「どんな壁にぶつかったのか」

「どうやってその壁を乗り越えたのか」

そういったリアルな話のなかには、
きっと、あなたが一歩を踏み出すヒントが
詰まっています。

起業には不安やリスクがつきものです。

でも、それを乗り越えた先には、
自由に挑戦する楽しさや、
自分の力で新しいものを生み出す喜びがあります。

起業を通じて
自分が本当にやりたいことに
気づくこともあるでしょう。

ビジネスの力を身につけて、
本当に助けたい人を助けることもできるでしょう。

その過程で、失敗もきっとあるでしょう。

でも、失敗は成功をつかむための
必要なプロセスです。
小さな失敗の積み重ねが、
いつか大きな成功につながるのです。

この本を通して、「起業」という選択肢を
身近に感じてもらえたらうれしいです。

自分の可能性を信じて、
一歩を踏み出す勇気を持ってもらえたら、
と思っています。

さあ、
これから新しい世界の扉を
開けてみませんか？

この本が、
あなたの未来を切り拓くきっかけに
なりますように！

僕について

　はじめまして。福山敦士と申します。現在、「連続起業家」と称している僕の原点は、小学校1年生のときに兄の影響で始めた野球です。

　しかし、監督やコーチの指導に納得できないことがあるととことん反抗する子だったので、ほかの親たちから「問題児」扱いされ、チームを辞めざるをえませんでした。

　でも、時間があると、気づけばバットを持って素振りをしている自分がいました。

　そして中学時代。改めて野球に情熱を傾けたおかげで、エースピッチャーとして全国優勝を二度達成でき、努力が報われてなんと日本代表にも選ばれたのです。

　そんな頃でした、父がビジネスに失敗したのは……。

　家計が一気に苦しくなったため、行きたかった私立高校ではなく公立高校に進学しようと考えました。でも、応援してくれる母や兄たちが経済的な後押しをしてくれたおかげで、念願の慶應義塾高校に進学することができたのです。

　高校時代は、裕福な家庭で育った友人に囲まれての学生生活です。

　練習帰りに友人たちが飲食店に寄るなか、僕は100円で買ったコンビニの牛乳を一気飲みして帰っていました。そのみじめさが、かえってバネになったのかもしれません。

　ようやく甲子園のマウンドに上がったとき、僕が手にはめていたのは

１万円の福袋に入っていたペラペラのグローブです。親がギリギリの生活費からようやく工面して買ってくれたものでした。親の気持ちに報いるためにも、使わないわけにはいきませんでした。

　ただ、そんな経済状況ですから、大学進学は当然あきらめていました。ここでも母は、「お金の問題で進学をあきらめるな」と背中を押してくれ、奨学金を目一杯借りて大学に進学することにしたのです。
　大学時代は、生活費が足りなくなるたびにバイト先の飲食店であまった食品を持ち帰らせてもらい、飢えを凌いでいました。
　そんな大学生活でしたが、必死に勉強したおかげで、学部生として異例の学会発表も行うことができ、「いつか教授になってみたい」という夢ができました。しかし一方で、「すぐにでも働いて奨学金を早く返済し、家族の役に立ちたい」というジレンマを感じていました。
　そんなときでした、DeNAの南場智子社長の講義を受けたのは。そのときはじめて、若くて未経験でも、熱意と創造力があれば会社を立ち上げることができる「ベンチャー業界」に興味をもったのです。そして「ビジネスで結果を出して、いつか教壇に立つ」という大きな目標を実現するために、当時はまだベンチャー企業だったサイバーエージェントに入社することにしました。

　今の僕のビジネス人生がスタートしたのは、まさにそこからだったのです。

CONTENTS

はじめに 002

僕について 014

第 1 講

先輩起業家たちは
こうして成功した　　　022

1 先に売ってから商品をつくって稼ぐ
ビル・ゲイツとスティーブ・ジョブズの営業力 024

2 アイデアをマネて誰よりも先に公開
マーク・ザッカーバーグの行動力 026

3 成功者から聞いたビジネスづくりで資金をつくる
孫正義の資金調達力 028

4 やるべきことを見極めて場所を提供する
スターバックスの発想力 030

5 誰もいないところに鉄道を通す
小林一三のビジョンを実現する力 032

6 営業活動を通じて新規事業のタネを見つける
藤田晋の展開力 034

7 買収・売却を繰り返す連続起業
福山敦士の「やりたいこと」を追求する力 036

COLUMN 起業に関する誤解を解く —— アイデアは二の次 038

第2講
起業家に必要な
10のマインドセット 040

1 「開拓者は不幸なもの」という覚悟が必要 …………… 042

2 なぜ起業したのか
「志」を説明し続けなければならない …………… 044

3 経営者の仕事は「意思決定」すること 046

4 利害関係なく話せる仲間をつくる …………… 048

5 プライベートや家族との時間も立派な仕事 …………… 050

6 自分が勝つより相手を勝たせる …………… 052

7 理念とともに
数字（実績）づくりにフォーカスする …………… 054

8 「約束を守ること」が
ビジネスのルールだと心得る …………… 056

9 人間関係はアップデートし続ける …………… 058

10 背中で示し、背中を押してあげる …………… 060

`COLUMN` 経営者というキャリア──身体と心の健康をコントロールする …… 062

第3講

スタートアップの
魅力について

064

1 たくさん打席に立ってキャリアを形成できる ⸺ 066

2 今の大企業も、みんな最初はスタートアップ ⸺ 068

3 ルールが変わる瞬間に立ち会える
可能性がある ⸺ 070

4 部活の立ち上げもイベントの企画も
立派な「起業」 ⸺ 072

5 キャリア形成において有利になる ⸺ 074

6 若いからこそ経験できるスタートアップ ⸺ 076

COLUMN 教育改革のための起業 ⸺ 080

第**4**講

起業のために
やっておいたほうがいいこと 082

1 会社をつくる４つの方法 ⋯⋯⋯⋯⋯⋯⋯⋯⋯⋯⋯ 084

2 アルバイトも「起業」へのステップになる ⋯⋯⋯⋯ 086

3 スタートアップでインターンに ⋯⋯⋯⋯⋯⋯⋯⋯ 088

4 現場の業務プロセスに入り込む ⋯⋯⋯⋯⋯⋯⋯ 090

5 毎週１時間「振り返り」を行う ⋯⋯⋯⋯⋯⋯⋯⋯ 092

6 就職後に社内で出世する ⋯⋯⋯⋯⋯⋯⋯⋯⋯ 094

7 就職後の転職活動で
「自分を売り込む」体験を積む ⋯⋯⋯⋯⋯⋯⋯ 096

8 就職後に社内起業する
「イントレプレナー」という選択もアリ ⋯⋯⋯⋯ 098

COLUMN コンテストには出たほうがいいのか ⋯⋯⋯⋯⋯ 100

第5講
起業に不可欠な「事業」を
つくるためのヒント　102

1　事業＝困りごとを解決すること
困りごとはどう見つけるか………………………………… 104

2　サービスのつくり方
売れるものをつくるか、売ってからつくるか……………… 106

3　「やりたい、けどできない、でもやりたい」
を狙う………………………………………………………… 108

4　ビジネスモデルを選ぼう
ビジネスモデルを分解してみる…………………………… 110

5　100円の水を1000円で売る方法
機能価値と感情価値………………………………………… 112

6　売る商品は自分でつくらなくてもいい　114

7　「誰を顧客にするか」で成否は決まる……… 116

8　「自分が提供するサービスは何に置き換えられるか」
を考える……………………………………………………… 120

9　「SNSでバズらせる」は幻想………………… 124

`COLUMN` ちゃんと営業する………………………………… 126

第 **6** 講

会社づくりに必要な
基礎知識　128

1 会社は「株式会社」だけではない ················· 130

2 「借金」は「悪」ではない ····················· 134

3 M&A（合併、買収）について ················· 136

4 契約書は「性悪説」に基づいて作成する ········· 138

5 会社づくりに必要な
登記、手続き、銀行口座など ················· 140

6 登記に必要な手続きは専門家に任せよう ········· 142

7 起業は「攻め」だが
「守り」も固めなければならない ··············· 144

`COLUMN` 会社はどうやってつくるのか──社名を決める＝覚悟を決める ········· 148

おわりに ··· 150

スタートアップの基本用語 ······················· 154

第 1 講

先輩起業家たちは
こうして成功した

まずは、スタートアップに興味を持ってもらうために、
ビッグな起業家たちをご紹介しましょう。
彼らの起業のやり方は十人十色で個性的ですが、
すごく参考になりますし、
「よ〜し、自分もやるぞ！」と
起業へのモチベーションもあがるのではないでしょうか。

さて、ここに真っ白なノートがあります。きみたちなら何を書く？

アニメが好きなので絵を描きます

僕は日記にするかな

私は授業とかで重要なことをメモする！

起業家っていうのは、この"真っ白なノート"に自分だけの物語を書いていく人たちなんだ。今日はそんな起業家の物語をいくつか紹介するよ

第1講　先輩起業家たちはこうして成功した

1 先に売ってから商品をつくって稼ぐ

ビル・ゲイツとスティーブ・ジョブズの営業力

▶「ないものを売る」という発想

皆さんが使っているパソコンは、WindowsかMacintoshのどちらかだと思います。それぞれ、今や世界的企業となったマイクロソフトとアップルの製品です。

この2社を含む世界的企業のことを「GAFAM※」といいますが、彼らも昔は小さなスタートアップ（起業や新規事業の立ち上げ）でした。文字通りガレージのようなところで起業し、製品がヒットして社員も増え、国境を越えて世界中の人が使うプロダクト（商品）になりました。

マイクロソフトとアップルの共通点は、創業者であるビル・ゲイツとスティーブ・ジョブズの"営業力"、つまり「**先に売ってからつくり、お金を稼いだ**」ということです。

▶ ベンチャー企業の成長過程

たとえば、ゲイツのマイクロソフトは、最初はコンピューターのプログラムの開発・販売からはじめています。その後、ビジネス向けの表計算ソフトなどで他社と熾烈な競争をしつつ、OS（パソコンの操作やアプリなどを使うために必要なソフトウェア）を手がけ、1995年に

※GAFAM：グーグル（Google）、アップル（Apple）、フェイスブック（Facebook 現Meta Platforms, Inc.）、アマゾン（Amazon）、マイクロソフト（Microsoft）の頭文字を取ったもの

024

「Windows 95」を発売。大きな話題になりました。

一方でジョブズのアップルも、基板1枚だけの「Apple I」の開発・販売からはじめ、その後、パソコン「Macintosh」をつくり、今ではiPhoneが世界を席巻しています。皆さんのなかには「iPhoneなしじゃ生活できない！」という人もいるんじゃないでしょうか？

ゲイツもジョブズも、創業時はお金がなかったので、先に受注して急いで製品をつくりました。商品がないのに、どうやって注文をとったと思いますか？

ゲイツは創業時、製品完成前にある電子機器メーカーと契約を結び、開発後に納品（ライセンス提供）することで最初の資金を得ました。

当時、製品開発・テストの環境が揃っていなかったので、ハーバード大学のコンピューター環境を使っていました（その後、商用ソフトウェアの開発は学外で行うように勧告されたようです）。

ジョブズは、Apple I の販路を確保するため、あるコンピューター小売店の経営者に実物を見せ、1台500ドルで50台（合計2万5000ドル）の注文を取りつけました。製品完成前に受注し、その後急いで製造・納品して資金を得てアップルを成長させたのです。このとき、手持ちの資金は50台分のパーツを購入するには足りなかったようですが、支払い時期を調整し、先に仕入れて開発を行ったそうです。

「先に受注して資金を得てから製品をつくる」という手法は、まさにベンチャーならでは。

「準備をしてから起業する」人も多いのですが、**先に受注してチャンスを得て、資金を獲得してビジネスを展開する**ことも起業家に必要な姿勢といえるでしょう。

第1講　先輩起業家たちはこうして成功した

2 アイデアをマネて　誰よりも先に公開

マーク・ザッカーバーグの行動力

▶ 大学生向けのサービスだった「Facebook」

　皆さんのなかにも「Instagram」を利用している人は多いのではないでしょうか。この「Instagram」の親会社は、GAFAMに含まれる「Meta社（旧Facebook）」で、創業者はマーク・ザッカーバーグです。

　彼がもともと手がけていたのは、「Facemash」という大学生のためのサービス。たとえば2人の女子大生の写真を載せ、どちらがかわいいか投票するというものです。これは面白がられて数多くの人に閲覧されたものの、肖像権などでクレームが入り問題となりました。勝手に写真を載せられた当人からすれば、怒って当然ですよね。

　それでも、サービスそのものの将来性を見越したザッカーバーグは諦めず、著作権などさまざまな問題を見直して課題をクリアし、Facebookを立ち上げました。世界中で使われている、人気のサービスの誕生です。

▶ アイデアをマネして拡大していく

　このFacebook、アイデア自体は実はザッカーバーグが思いついたものではありません。ハーバード大学に所属していた双子の兄弟（キャメ

ロンとタイラーのウィンクルボス兄弟）が、学生専用SNSとしてザッカーバーグに話を持ちかけたのがそもそものはじまりでした。

　話を聞いたザッカーバーグは、２人を出し抜いてFacebookを立ち上げたのですが、のちに兄弟から「アイデアをパクられた！」と訴えられます。これは当然ですよね。

　結局は6500万ドルを支払うことで和解しました（詳しくはデヴィッド・フィンチャー監督の映画「ソーシャル・ネットワーク」を見てください）。

　ここで重要なのは、**アイデア自体は他人がもたらしたとしても、それをサービスとしていち早く展開し、拡大していった**こと。Facebookを世界的サービスにした要因は、まさにこの点です。

　ビジネスの世界では、カンニングやフライングが容認される場面があるのです。

第1講 先輩起業家たちはこうして成功した

3 成功者から聞いたビジネスづくりで資金をつくる
孫正義の資金調達力

▶ アポなしで "大物" を訪問

　ソフトバンクでおなじみの孫正義さんも、起業家として非常に型破りです。いろいろな逸話があるのですが、有名なのは日本マクドナルドの社長だった実業家の藤田田さんに、アポなしで話を聞きに行ったこと。なんと、孫さんが高校1年生のときのことです。
　秘書に「3分間だけ」と言われたものの、奇跡的に15分もの面談に

成功した孫さんは、藤田さんから「これからはコンピューターの時代だ」というアドバイスをもらい、アメリカに留学してコンピューターを学ぶことを決意。のちのソフトバンクにつながる出会いは、すでに高校生のときにあったわけです。

ちなみに藤田さんは後年、ソフトバンク成功の報告を孫さんから受けたとき、感激して300台のパソコンを発注したといわれています。いい話ですね。

▶ 孫正義さんに学ぶ成功法則

そんな行動力のかたまりみたいな孫さんですが、コンピューターでいきなり成功したわけではありません。

最初に手がけたのは、シャープへの自動翻訳機の売り込み。そこで得た1億円を元手に、アメリカで設立したソフトウェア開発会社（Unison World）で、インベーダーゲーム機を日本から輸入して販売しました。

帰国後はコンピューターの卸売事業を手がけ、1981年に日本ソフトバンクを設立。慢性肝炎で入院するなどで社長職を退いたこともありましたが、1986年に復帰すると「ソフトバンク」の社名で株式の店頭公開をしたり、アメリカのヤフー社と協力して「Yahoo! JAPAN」を設立するなど、会社をどんどん成長させていきました。

若いうちにすごい人から話を聞き、「これ」という事業にいち早く着手し、まとまった資金を手に入れたあとは1つの事業にこだわらずにM&A（会社を合弁したり買収したりすること）を繰り返していく──これは現代でも通用する成功法則といえそうです。

第1講　先輩起業家たちはこうして成功した

4 やるべきことを見極めて 場所を提供する
スターバックスの発想力

▶ コーヒー豆の焙煎からの出発

　皆さんも、「スタバ」を繁華街や駅の近くで利用したことがあるのではないでしょうか。コーヒーチェーン「スターバックス」は世界中の人に愛され、"世界のカフェ"ともいえる存在ですが、創業当時はコーヒー豆の焙煎を手がける小さな会社でした。

　1982年に、のちに同社のCEO（最高経営責任者）となるハワード・シュルツが入社し、レストランやエスプレッソバーにコーヒーを提供しはじめます。やがてイタリアのミラノを参考にしたエスプレッソバー文化を、アメリカのシアトルで普及させることに成功し、今では多くの国に店を構えています。

　日本にスターバックスコーヒージャパンが設立されたのは1995年。翌年には東京・銀座に第1号店ができ、首都圏近郊を中心に店舗網を拡大していきました。

　このように、スターバックスはコーヒー豆を売ることから始めて、カフェを手がけるようになったわけです。

　そしてさらに、さまざまな研究を重ねて「自宅でも職場でもない居心地のいい場所（サードプレイス）をお客さんに提供する」というコンセ

プトのもと、現在のサービスに至り、成功を手に入れたのです。

▶ 知見を蓄積することの重要性

「将来、カフェをオープンしたい」という人は多いのですが、いきなり店を構えるよりも、まず「カフェを支える存在」としてスタートするという方法もあるのです。

さらにそこから考えを深め、ただコーヒーを提供するだけではなく、**「場所を提供する」という発想に切り替えられた**のも、積み重ねてきた知見があるためです。

そしてそれは、あらゆる産業でも起きています。

スタートアップというと、自社製品があり、「ビジネスプランコンテストでプレゼンテーションをして脚光を浴びる！」というようなイメージがあるかもしれませんね。しかしスタバのように、いわば「下請け仕事」からスタートし、そこで得た知見やデータ・情報を蓄積することでのちの成長につなげる会社もあるのです。

１つの部品や一部のサービスづくりからスタートし、最終的に自社製品を手がけていくことは、起業の順番としても手堅く確実性が高いといえるでしょう。

第1講 先輩起業家たちはこうして成功した

誰もいないところに鉄道を通す
小林一三のビジョンを実現する力

▶ 人を集めるための大胆なしかけ

「この辺に駅ができる！」というだけで、その地域に人が集まるとは限りません。人を集めるためには、なんらかの工夫が必要なのです。

そこで、鉄道と地域を一緒に開発する、いわゆる「私鉄経営モデル」の原型をつくり上げたのが、阪急阪神東宝グループの創業者・小林一三さんです。小林さんは鉄道を敷くだけでなく、駅の周辺に阪神甲子園球場や宝塚劇場といった"人が集まるコンテンツ"を用意し、駅を中心とした街づくりを行いました。

駅ができ、地域のコンテンツに人が集まればそこに街ができ、経済も活性化します。「誰もいないところに鉄道を通す」という、まさにベンチャー企業ならではの偉業といえるでしょう。

▶ ビジョンを掲げて実現する

「ここに鉄道を敷きます！」という壮大なビジョンを掲げ、その実現のためにコンテンツを設計し、人が集まる沿線にすることで大きな街をつくる──これがスタートアップの醍醐味の1つといえます。

　たとえば阪神タイガースは、優勝してもしなくても常に満員の状態をつくれるだけの人気があります。いわゆる「コアなファン」が多いんですね。これは他球団に比べてもかなり強烈な特徴で、それ自体に価値があります。人気を得るまでには紆余曲折があったと思いますが、ビジョンを掲げて突き進んでいった結果です。

　起業家が掲げるビジョンと、それを実現するための行動力。それが、ほかの人には想像もできないような大きなことを成し遂げる力となるのです。

第1講　先輩起業家たちはこうして成功した

6 営業活動を通じて 新規事業のタネを見つける
藤田晋の展開力

▶「営業代行」からのスタート

　今でこそ「ABEMA（旧AbemaTV）」でおなじみのサイバーエージェントですが、もともとは創業者の藤田晋さんが営業代行業からスタートし、一代で大手広告代理店に育てたのです。

　サイバーエージェントができる前のインターネット業界には、営業ができる会社があまり多くありませんでした。藤田さんはそこに着目し、技術力のある会社の営業を引き受けたのです。

　そして営業代行をするなかで、収益性を高めるために自分たちでサービスを手がけようと考え、事業を広告代理業へと転換しました。

　営業代行業は、企業の代わりに営業活動を行い、商品やサービスの販売を直接支援する事業です。顧客リストの作成や訪問、商談、契約締結など、営業プロセス全般を代行します。

　一方、広告代理業は、企業のマーケティング活動を支援し、広告の企画・制作・配信を行う事業です。広告媒体の選定、クリエイティブ制作、広告枠の購入などを行い、その企業のことを広く知ってもらう認知拡大や集客を図る手助けをします。

両者の大きな違いは、**営業代行業は「契約獲得」が目的、広告代理業は「認知拡大や集客」が目的**という点です。

　藤田さんが広告代理業へ業態転換したサイバーエージェントは「ネット広告」に着目し、急成長していったのです。

▶ ネット広告費が四大メディアを逆転

　ネット広告という市場は、最初から確立されていたわけではありません。当時、広告といえば雑誌や新聞もありましたが、主流はテレビCMでした。

　しかし広告主である企業は、「テレビCMに数億円出してもどのくらい効果があるのかよくわからない」という疑問を抱いていました。

　一方、ネット広告は「どんな広告をどこに打ったらどれくらい売れた」かがすぐにわかるため、「広告の対費用効果が測定できてよい」ということになり、多くの企業から支持を得たのです。

　最初は市場規模も小さかったネット広告ですが、少しずつ成長していき、2021年にはテレビやラジオ、新聞、雑誌などのマスコミ4媒体への広告費を上回りました。まさに歴史的な瞬間です。

　営業代行からスタートしたサイバーエージェントも、現在はウェブメディアやネットのテレビ局を手がけるなど、一般にも広く認知されています。

　活動を通じて情報を集め、**営業力やマーケティングスキルを身につけていき、最終的にはメディアをつくって広く販売している**のがサイバーエージェントの成功物語なのです。

7 買収・売却を繰り返す連続起業

福山敦士の「やりたいこと」を追求する力

▶ 起業を通じて社会を変える

さて、最後に僕自身についてです。僕は連続起業家として、企業の買収や売却を繰り返してきました。その理由は、**自分なりの「やりたいこと」を追求したい**からです。

僕が一貫して掲げてきた目標は、「社会を変える」です。社会を変えるため、つまり自分がやりたいことを実現するために、起業という手法を使っています。つまり、起業はゴールではなく、あくまで手段ということです。

起業の先にある"実現したいこと"のために、手段として起業を最大限活用することが、目的達成の道筋となっていくのです。これまで紹介してきた偉大な経営者たちも、そうした歩みによって社会を変革しています。

▶ 起業という "手段" で実現できること

14ページでもお伝えしたように、僕は最初、プロ野球選手をめざしました。プロ野球選手を諦めたあとは、大学教授になろうと考えたのですが、やがてその道も厳しいとわかり、諦めました。

それからはビジネスにフォーカスし、起業家としていくつかの成果をあげてきました。

起業家として成長していくにつれて、かつて諦めたことが次々に実現できるようになりました。ビジネスという専門性を高めたことによって、球団と契約して経営に携わるようになったり、ビジネスについて教えるべく高校や大学で教鞭を執ったりしているのです。

結局、起業によって「やりたいこと」を実現できたわけです。「社会を変える」ということもそうです。

自分がやりたいことを実現し、できることの範囲が広がっていくなかで、社会に与えられるインパクトがどんどん大きくなり、世の中が変わっていく──そこに、起業という "手段" の大きな価値があるのです。

＊　　＊　　＊

第1講では、僕たちの大先輩である起業家がどうやってビジネスを立ち上げたかをざっと紹介してきました。いかがでしたか？

皆さんもいつか、彼らの仲間入りする日が来るかもしれませんね。ぜひ、こうした先輩たちに続いて起業し、自分のやりたいことを実現して明るい未来を一緒につくっていきましょう！

COLUMN

起業に関する誤解を解く
── アイデアは二の次

起業に必要なのはアイデアより勇気

　学生向けの起業家の教育セミナーなどがよくありますが、それらの多くで「ビジネスプランコンテスト」への参加を求めます。授業やワークショップでも、最後に参加者がそれぞれビジネスプランを発表して終わる、というケースが多いのです。

　一方、起業した人へのアンケートをみると、「起業に必要なのはアイデアよりも勇気」という人が多い。つまり、ビジネスプランを考えるよりも、決断して行動する「勇気」のほうが大事というわけです。

　たくさんのアイデアを出してビジネスプランをつくっても、失敗しなければ成功もありません。

　まずは失敗を怖れないようにすること、不安を取り除くこと──これこそ、起業家教育の重要なポイントで、マインドとして養うべきものだと僕は思っています。

起業のハードルは決して高くない

　第1講みたいに起業家の成功事例を紹介すると、「その人は特別だか

> 起業のハードルはすごく低くなっている。
> こわがらないでチャレンジしよう！

ら……」「自分とは違うから……」と言う人がいます。僕自身、「福山さんだからできたんですよ」と何度も言われてきました。

　もちろん個人の能力もあると思いますが、問題は、起業自体のハードルが高いと誤解している人が多いということです。起業している人は皆さんが思っている以上に多く、政府も積極的に支援するなど、今では起業のハードルはすごく低くなっています。

　なのになぜ、起業を恐れてしまうのか？

　それは、「日本の教育が減点方式になっているところに問題の根っこがある」と僕はにらんでいます。減点方式だと、「マイナスを出さないようにしよう」という意識だけが高まり、挑戦しなくなります。小学校のテストなどはまさにそうです。

　また、島国にありがちな、目立つことを避ける閉鎖的な社会性も影響しているかもしれません。誰もが「みんなと同じがいい」と考えて「出る杭は打たれる」ような社会だと、チャレンジする人は増えません。

　いずれにしても、新たに「業（仕事）」を興していく人が増えなければ、日本の経済は元気になりませんし、成長もしていきません。そのためのマインドを育むことが、この本の目的でもあるのです。

第2講

起業家に必要な
10のマインドセット

ここでは、第1講でお話しした起業家をはじめ、
僕たちスタートアップの経営者が共通してもっている
心がまえ（マインドセット）や、
起業家とはどういう存在なのかについてお話ししていきます。
「僕（福山）自身の起業観・起業家観」ともいえる内容ですが、
将来的に起業を考えている皆さんにも
必ず参考になると思っています。

もしきみがRPG(ロールプレイングゲーム)の勇者だったら、どんな冒険仲間がほしい？

まずはめちゃ強い戦士でしょ、あ、なんでも知ってる魔法使いも必要だな。傷や心を癒してくれる僧侶と、それに……

まだまだ浮かびそうだね（笑）。経営者も、冒険する"RPGの勇者"みたいなもの。だから、自分を支えてくれる仲間集めがすごく大切なんだ。なので、起業という冒険に必要な勇者の心がまえと仲間の見つけ方を見てみよう！

第2講 起業家に必要な10のマインドセット

「開拓者は不幸なもの」という覚悟が必要

▶ 起業家とは孤独な存在

　独りぼっちで何かすることを指す「ボッチ」という言葉が流行りました。若い人は「ボッチ」を避けたい人が多いみたいですが、経営者は基本的には「孤独」です。
　とくに起業家は、ないものを生み出そうとする存在ですから、「こういうサービスをつくりました！」と言っても「へー、がんばってね」と軽く流されたり、相手にされないことも多いのです。

　日本の歴史を見ても、最初の開拓者は大勢に受け入れられず、常に孤独でした。
　戦後、困っていることや足りないものを解決するため、さまざまなものを次々と生み出して経済大国になったのが日本です。しかし現在は、あらゆるものが増えすぎて、外食も旅行も、何を選べばいいのか迷うほどです。
　そんな状況ですから「こういうものをつくろうと思います」と言っても、「そうですか」とか、「似たものがもうあるよね」など冷たい反応をされるわけです。しかし、<mark>それでも行動するのが起業家</mark>なのです。

▶ 誰からも感謝されなくても行動する

　たとえば先日、僕の家の近所にスターバックスができました。しかし、いつも混雑しているので、「全然入れない」「席が空いてない」と不満を漏らす人も少なくありません。

　起業前は冷たく笑われたり無視されても、「居心地のいい場所を提供したい」という強い思いで事業を生み出し、雇用を生み、社会貢献もしているスタバですが、つくったらつくったで不平不満を言われてしまうわけです。みんな利用しているくせに……。

　「水道の水が飲める」「24時間営業のコンビニがある」「夜道でも安心して歩けるように外灯がある」なども同じで、すばらしいことなのに普段はあまり感謝されません。同じように、感謝されることはほとんどないのがスタートアップだと思ってください。

　感謝されないどころか、むしろ起業前後にネガティブなことを言われることのほうが多いです。それでもやりたいことがあるから、また、成し遂げるべきだと思うから、やる。それが起業家です。

　自分が起業して事業を生み出すことによって救われる人がどれだけいるのか、どれだけ社会によいインパクトを与えられるのか──それだけが起業家にとっての価値といえるかもしれない、ということを覚えておいてください。

043

第2講　起業家に必要な10のマインドセット

2 なぜ起業したのか「志」を説明し続けなければならない

▶ 志のレベルを高める

　スポーツニュースなどで必ず取り上げられる、人気も実力もあるプロ野球選手といえば、大リーグで活躍中の大谷翔平選手です。

　大谷選手は、世界で一番お金を稼いでいるプロ野球選手ですが、打席に立っている時に「ここでホームランを打ったら100万ドルもらえる」とは思っていないでしょう。稼ぐために野球をしているわけではないからです。

　最高の自分になることや、子どもたちに夢を与えるといった「志」を内に秘め、集中して野球に取り組んでいます。

　同じくイチロー選手は、世界で一番ヒットを打った人ですが、「ヒット1本でいくら稼げるか」とは考えず、プロとしてひたすら最高の野球の形を追い求めていました。引退したあとも、野球を盛り上げようと活動されています。

　2人ともすでに莫大な財力を持っているにもかかわらず、**高みを目指し続けていることは起業家として見習うべき姿勢**です。

　志のレベルが低いと、売上・利益が出て、ちょっと稼ぐと満足してしまいます。せっかく起業したのに、それじゃもったいないですよ。

▶「なぜ起業したのか」を人に説明し続ける

　僕も子どもの頃からお金に苦労していたので、お金を稼いで大金をつかむと満足し、気が緩（ゆる）む、という状態になるのもすごくよくわかります。

　ただ、起業時の志について僕が断言できるのは、「起業するのは、お金のためだけではない」ということです。自分が死後どのくらい評価されるか、また、世の中に魂を残すべく、本を書いたり会社をつくったり、後輩の育成に取り組んでいます。

　ビジネスパーソンはもちろん、学生やスポーツ選手など幅広い人々に対し「どれだけ魂を残せるか」——それを一番大切にしているのです。**目先のお金に惑わされることなく、当初の志を忘れずに自分のレベルを高めていく**。それが目標で、志を忘れないためにも「なぜ起業したのか」を常に誰かに説明することが大事だと考えています。

　経営者インタビューなどでよくありますが、**恥ずかしがらずに、自分の志を他人に説明する**こと。それによって、志のレベルを上げ続けることができるのです。

第2講　起業家に必要な10のマインドセット

3 経営者の仕事は
「意思決定」すること

▶ 経営者の仕事とは

　あなたが起業したとしましょう。それで最初は楽しく仕事をしていたとしても、どこかの段階で必ず、時間の使い方に悩むようになります。
　というのは、プレイヤーとして活動することと、経営者として意思決定することのバランスの難しさを実感するからです。

　経営者の仕事は意思決定をすることです。
　これは先輩経営者の方々のアドバイスと僕自身の経験を照らし合わせてみても間違いありません。会社がプラスになるかマイナスになるかも、社長の意思決定次第です。
　「どのようなシステムを導入するのか」「業績がよろしくない事業から撤退するのか」「やり方を変えて取り組むのか」「自分たちで全部やるのか」「他社に任せるのか」など、意思決定のすべてが会社に影響します。つまり、意思決定こそが経営者の仕事といえるでしょう。
　なので「社長の時間」は、意思決定に関することに使えるように工夫したほうがいいのです。

▶ 使える時間は意思決定のために使う

　意思決定は一瞬で行うように見えますが、その裏には、100倍、1000倍のインプット（情報の収集）があります。

　自身が経験したこと、先輩からのアドバイス、お客様の声、未来の見通しなど多角的に考えたうえで、経営者は意思決定を行います。

　「こっちの方向がベストだ」と仮説を立て、その実現に向けて自分だけでなくメンバーを巻き込んで会社を推進していくのです。

　なんでも自分でやる起業家は、経営者として半人前です。

　船長が自らオールを漕いで大海原を渡っているようでは、船員たちは不安で仕方ありません。この海路でいいのかどうかを判断するのが船長の仕事で、先頭に立って正しい方向を見極めるのが、経営者の役割なのです。

　たとえば戦国武将も、現場では働きません。高いところで地図を広げて「どうすれば自軍が勝てるか」と、戦略的に考えて指揮をします。

　このように、**全体を見渡して最適な指示を出すことが経営者の仕事**であり、意思決定の本質なのです。

第2講　起業家に必要な10のマインドセット

4 利害関係なく話せる仲間をつくる

▶「自分がなりたい人」と接する

　あなたがよく一緒に時間を過ごす友だちを、思い出してください。その友だちには、なんとなくあなた自身と似たところはないでしょうか？

　人は、考え方や価値観などが、接している人に似てくる傾向があるのです。普段時間を共にする人のなかの上位5人の平均が、あなた自身であるといっても過言ではありません。

　だからこそ、**「こういう人になりたい」と思う人と接する時間を増やすことが大切**です。

　これは仕事でも同じで、とくに起業したばかりのタイミングでは、自分に似ている人と一緒にいると居心地がいいと感じます。

　しかし事業フェーズが変わっていき、売上や利益の規模が変わってくると、話が合わなくなりがちです。

　居心地がいい人とだけ一緒に過ごし、目指す人との付き合いを避けていると、進化を止めることになりかねません。

　導いてくれる人と共に時間を過ごすこと——その方向にシフトするべきです。

▶ 自分が成長できる出会いをする

　僕は若手経営者から相談を受けることが多いのですが、立ち上げた会社が一定の大きさになると「自分がどう成長していいかわからない」と悩む人が出てきます。
　僕はそのような人に先輩起業家としてアドバイスしたり、顧問としてその会社にかかわりながら、「問い」を与えています。
　「本当は何がしたかったんだっけ？」「創業時の目標はなんですか？」など、僕がいつも自分自身にしている問いを、若手経営者にぶつけているわけです。

　僕自身、このままのペースでいいとは思っていません。常にその先の「やりたいこと」をしている人、あるいは自分が目指すべき人との接点をつくるようにしています。
　「こうなりたい」と思う人との接点を増やすことによって、学校教育に携わることができたり、教育事業としてのビジネス設計ができました。これは自分の実力というより、引っ張ってもらったから、と思っています。**得られた機会によって自分が成長している**のです。
　機会を得るためにも、自分が向かっていく先にいる人と接するように心がけてください。

第2講　起業家に必要な10のマインドセット

5 プライベートや 家族との時間も 立派な仕事

▶ 24時間働く起業家のプライベートは？

「家庭を顧みないで仕事ひと筋。24時間働き続ける」という人がいたら、皆さんはどう思いますか？

実際、そんな「企業戦士」と呼ばれた人たちが、日本の高度成長期にはけっこういました。

現在では、仕事と生活のバランスを重視する「ワーク・ライフ・バランス」が叫ばれ、会社員の場合、「働き方改革」の名のもとに働く人の残業時間が減らされ、さまざまな規制がかけられています。

一方、起業家の場合、プライベートの時間を犠牲にしなければならないこともあります。

そのため、会社で雇われて働くことと、自分で起業することとのギャップが大きくなっています。

起業するということは、ある意味24時間働くことでもあります。四六時中仕事をする、と思ったほうが起業の実態に近いです。まさに昔の企業戦士。

僕らの学生時代は、それこそ高校野球でも、すべての行動や言動、態度が勝利に影響するものと思って24時間体制で野球に取り組み、活動し

050

ていました。

　昔も今も、本気で熱中している人は寝食を忘れて取り組むものですが、起業はそうした側面が強いのです。そのため起業家の離婚率は高く、家庭やプライベートとのバランスをどう取るのかを考えなければなりません。

▶ 夫婦や家族で起業することのメリット

　こういうと「起業家になるためには家庭を持つなってこと？」と思う人がいるかもしれませんが、そういうわけではありません。起業と家庭を両立させている人は大勢います。たとえば、僕は、仕事はもちろん、家庭も大切にしたいので、妻と一緒に起業するという道を選びました。

　幼少期に親の離婚というつらい経験をしたせいか、「あたたかい家庭をつくりたい」という望みが強く僕にはあったのです。ですから、起業して家族との時間が取れなくなってしまうのでは、まさに本末転倒。

　そこで妻と一緒に起業し、ともに過ごす時間をつくれるようにしたわけです。家庭の時間を設けるという意味では、よい選択だったと思います。結果的に、多くの時間を妻と共有できています。

　家族で事業をするのは特別なことではありません。「商店」をはじめ、家族経営の会社はたくさんあります。農業なども、家族みんなで働いているケースが見受けられます。

　起業に何を求めるのかは人それぞれですが、家族の時間を大切にしたいので一緒に起業する、という選択もあることを頭に入れておきましょう。

051

第2講 起業家に必要な10のマインドセット

6 自分が勝つより 相手を勝たせる

▶ 相手を勝たせるのがビジネス

ビジネスってなんだと思います？

「儲けること」「会社を大きくすること」と言う人もいるかもしれませんね。それも間違いではありませんが、僕は「ビジネスとは相手を勝たせること」だと考えています。

お客様の成果を出すことはビジネスの基本ですが、経営者の成功はお客様の成功ありきです。

お客様が全員損をして自分だけが勝っているとしたら、それはビジネスではなくギャンブルだし、奪い合いの世界の話。

「相手に与えること」がビジネスの原点なのです。

スポーツをビジネスにするなら「勝ち負け」だけでは不十分で、見ている人が「勇気をもらえる」「スカッとする」など、お金を支払ったぶんの対価を得られなければなりません。それがビジネスとして正しいのです。

「お客様はお金を払ってやりたいことができているか」「お金を払ったら抱えている悩みが解決されるか」。この発想がないと、ビジネスは成立しません。

052

▶ 従業員も「お客様」

　僕の経験からも、起業当初は「自分が、自分が」でも、ある程度の成果は出せるでしょう。商品を持って自分をアピールしていくだけで、ゼロから1になることは十分にあります。

　ところが、組織になって働くメンバーが増えていくと、社長が目立ちすぎると従業員が活躍できず、組織全体としての力を発揮できません。

　大切なのは、**働いている従業員もお客様だという認識を持つこと**。従業員が会社で実現したいことは何かを考え、彼らに光を当てるべきです。彼らを勝たせてあげることが、会社の成長につながります。

　お客様だけでなく、社員もステークホルダー（株主や経営者、従業員、お客様や取引先など、会社のすべての利害関係者）ととらえてください。「社員がどうすれば勝てるのか」を考えて動いていくと、経営もうまくいきます。経営者には、「社員を全力でサポートする」という役目もあるのです。

第2講　起業家に必要な10のマインドセット

7 理念とともに 数字（実績）づくりに フォーカスする

▶ 数字で評価される世界

　皆さんのような学生も、また会社員も「昨日より今日、今日より明日」というように成長していくのが理想ですが、経営者も成長しなければなりません。

　ではどうすれば「経営者として成長したね」と言われるかといえば、1つは数字（売上）の伸びです。売上1000億円の社長と、売上10億円の社長では、やはり前者が評価されやすいのがビジネスの世界です。

　規模が大きいほうが税金を多く納めているわけですし、ステークホルダーへ価値を十分に提供できていて、さらには従業員の雇用なども含めて「社会に貢献している」と判断されます。

　「従業員を勝たせる」にしても、数十人より数千人の社員を勝たせるほうがインパクト大です。

　それに、数字をつくって大きくならないと、助けたい人を助けられません。前にも言ったように、たしかに志は大事ですが、**理念に逃げてばかりではいけません。**

　売上が1億円、10億円、100億円などを超える節目節目で、経営者は満足してしまいがちです。とくに上場していない会社だと、それ以上や

054

ってもやらなくても、報酬はあまり変わらないのでなおさらです。100億円規模になっても、従業員が1000人を超えたらそれだけのコストもかかるわけです。

そのときにどうモチベーションを維持するのか——それが経営者としての肝になります。

▶「社会貢献」を尺度としてとらえる

成長の方向性に迷ったら、とにかく**数字をつくり続けることにフォーカス**してください。ただ、"数字の奴隷"になって売上だけを目指すのではなく、尺度として「どのくらい社会貢献活動できているか？」と考えるのもいいでしょう。

「社員の給料の平均額がどのくらい上がっているのか」も立派な数字づくりの指標です。

僕も、地方のプロ野球独立リーグという、売上をつくるのが難しい事業をしていますが、来場者の数、スポンサーの数を増やすことで地域を応援する人々を増やしています。

応援は心の健康につながり、心の満足や豊かさにも役立つと考えているので、応援していただける方を増やすことを目標に掲げているのです。

売上や利益だけでなく、影響範囲の指標として数字を追うこと。それがモチベーションを維持するためのテクニックとなります。

第2講 起業家に必要な10のマインドセット

8 「約束を守ること」が ビジネスのルールだと 心得る

▶ 何がなんでも約束を守る

皆さんにも経験があるかもしれませんが、いくら友だちでも、約束を破られたら頭にくるし、悲しいですよね。約束を軽んじる友だちとは、付き合いも遠のいていくものです。ビジネスでも「約束を守ること」は全国共通のルールです。

お客様、従業員、株主を含めたステークホルダーに対し、約束を果たしていく以上のビジネスルールはありません。

約束というのは、言い換えれば「ビジネスチャンス」です。僕の場合、大きな取引もそうですし、野球の球団を経営することも、学校の教育に携わることも、すべて約束であり、ビジネスチャンスだと考えています。

そうした考えのもとで行動してきたので、約束を守った回数、約束の大きさによってさまざまな機会を得ることができました。

すべての約束を完ぺきに守れたわけではありませんが、それでも、守れない約束はできるだけしないのがビジネスの鉄則。無理難題に対して「できます」というのは、依頼した人にも迷惑をかけます。これは企業同士はもちろん、消費者に対しても同様です。

取引先の期待値を上げすぎてしまい、それに応えられないサービスを

つくろうとして失敗すると、「期待して損した」「時間を返せ」などとクレームを受けることになります。

きちんと守れる約束をして、結果を出していくこと。「約束を守る」を忘れずに行動動して信頼を蓄積していくことが重要です。

▶「約束する→守る→信頼を得る」

信頼は一朝一夕では得られません。

信頼されるには時間がかかるため、若いうちから約束をたくさんし、きちんと果たしていくようにしましょう。期待に応えることで、信頼を得るわけです。

僕の経験からも、「約束する→守る→信頼を得る」という動作を高速で繰り返していくと、より多くのチャンスに巡り合えます。

「自分との約束」も同じで、自分に約束してそれを守り続けていると、自分に対する信頼が蓄積されます。

そう、つまり「自信」がつくのです。自信があればあるほど、相手に対して積極的に約束をしていくことができます。

約束を守ると、また大きなチャンスがやってきますから、自分にとっても相手にとってもとても望ましい状態になるのです。

ですから、できるだけ早い段階から「約束する→守る→信頼を得る」という流れを意識し、期待に応え続けることを"高速で"繰り返してみてください。

第2講 起業家に必要な10のマインドセット

人間関係は
アップデートし続ける

▶ 友人・知人を頼ることのメリット・デメリット

「人は失敗して大きくなる」とはいろいろなところで言われていることなので、皆さんも耳にしたことがあるかもしれません。起業にも失敗はつきものです。僕自身、数多くの失敗をしてきました。

一緒にビジネスをしていた仲間と意見が分かれ、友人関係にまで亀裂が生じたことがあります。

スタートアップはお金の問題も多く、一度ヒビが入るとなかなか元には戻せません。友人や知人と一緒にビジネスをすることは、そのようなリスクを含んでいます。

友だちですから信頼を得るスピードは速いのですが、失敗すると友人関係もなくなり、最悪の場合、変な噂を流されることもあります。

とはいえ、一人で起業はできません。起業時には、リスクを覚悟したうえで、友人、知人、さらには親族に頼ることを検討してみてください。

▶ 起業のレベルと人間関係

会社を辞めて起業する場合、かつての上司や同僚、取引先、ビジネス

パートナーなども広い意味での友人・知人となります。

ただし、いつまでも同じ人間関係のなかで取引し続けるのは考えものです。常に新しい人がいいというわけではありませんが、レベルアップしていけば、自然に人間関係も変わります。

ステップアップすると付き合う人も変わり、人脈も広がり、さらにハイレベルの仕事ができるようになるのです。人間関係の失敗を経て、ステージがあがることも少なくありません。

何も失敗もせず、人間関係に変化がない場合は、起業家として成長していない可能性があります。

「起業に失敗はつきもの」と理解し、失敗から学んで成長するという意識をもちましょう。

第2講　起業家に必要な10のマインドセット

10 背中で示し、
背中を押してあげる

▶ 起業に必要な「勇気」を削らない

　前に「起業に必要なのはアイデアではなく勇気だ」という話をしたのを覚えているでしょうか（38ページ）。そこでも言いましたが、ビジネスプランコンテストで優勝しても、すぐに起業できるとは限りません。むしろ、アイデアがなくても、とりあえず請負仕事からスタートしたり、これまでにしていた仕事の延長で起業したりするほうが、一歩目は早くなります。

　そこからチャンスをつかみ、業態の変更を繰り返して成長するほうが、スタートアップには向いていると思います。

　この、「アイデアや計画ではなく、実際に行動する勇気が必要だ」ということを子どもたちに伝えていくのも、僕たち起業家の使命の１つだと思っています。

　僕自身、一歩踏み出そうとしている若者に「それはダメだ」「それは無理だ」などやる気を挫く発言をしないようにするとか、「危険なんじゃないか」とマイナスの反応をしないように気をつけています。

　むしろ背中を押してあげたり、選択肢として受け入れてあげたりする姿勢を持ち、新しいことを立ち上げようとする人の邪魔をせず、身近な起業の芽をつぶさないことが先輩起業家の役割です。

▶ 子どもたちの背中を押す

僕の父は1990年代のバブル末期に起業したせいで苦労しましたが、僕のことを肯定してくれました。

まだ幼い頃、父の事務所に電話をかけるとき、番号を打つのが面倒だったので「『お父さんに電話』と言うだけで電話できたらいいね」と言ったら、「それを紙に書いてごらん」と言われたので実際に書き、NTT社に送りました。

するとNTT社から反応があり、「ご提案ありがとうございました」と書かれた手紙と、NTT社のノベルティグッズ（消しゴムと定規）が入った封筒が送られてきたのです。

まさに背中を押してもらった体験です。**子どもたちが持っている「何か生み出そう」という意欲をそがない**こと。そうやって子どもたちの起業家精神を養うことも、僕たち起業家の使命だと思って行動しています。

* * *

ここでは、起業家がどういうマインドでビジネスをしているのか、ということを僕自身の経験をもとにお話ししてきました。

「人は孤独だ」「結果を出す」「仲間をつくる」「家族を大事に」「約束を守る」など、もしかして「当たり前のことばかり言っている」と思ったかもしれません。

ビジネスは結局、人と人との営みですから、「人と付き合ううえで当然のことをおろそかにしない」ということが重要になるわけです。

当たり前のことを毎日続けていく（これがけっこうしんどい）というのも、起業家のマインドセットなのかもしれませんね。

COLUMN

経営者というキャリア
── 身体と心の健康をコントロールする

起業とはそもそも無謀なチャレンジ

　大谷翔平選手は、2024年に左肩関節鏡視下手術を受けました。メジャー移籍後で4度目、プロ通算では5度目の手術です。第一線で体を張っていると、どんなに優秀な選手でも怪我を重ねるものです。

　起業家も同じです。無理をしてでも仕事をし、時間がなくても精神力と根性で乗り越えなければならないことがあります。「一生健康」というのは理想ですが、それは幻です。とくに起業家は、ないものをつくろうとしている時点で無理なことをしています。

　僕も起業当初は身体を壊しました。湿疹が出たり、よくわからない病気になったりしたものです。アポイントの隙間をぬって病院に行き、たくさんの薬をもらい、精神安定剤のようなものも服用していました。

　今もつらいことはたくさんありますが、無謀なことをしているので仕方ありません。「起業というチャレンジングな仕事を選択したんだから、身体に負担があるのは当然」と考えています。

自分の「心」と「身体」にいいことは何か、
日ごろから理解しておこう！

自分なりの回復方法を持っておく

　起業は負担が大きいからこそ、独自の回復方法を持っておく必要があります。

　大谷翔平選手の場合、かかりつけの医者がいるなど、サポート体制が整っています。ビジネスパーソンも、ジムに行って身体を鍛えたり、マッサージや整体で体を整えたり、ヨガのレッスンを受けたり、食事についても気を使うべきです。

　自分の身体を知り、安定する状態に持っていくにはどうしたらいいかを理解することが、自分なりの回復方法となります。長時間の睡眠でも、お酒を飲んで愚痴を言うことでもかまいません。僕も20代はエナジードリンクを大量に飲んでいましたが、今はサプリメントとビタミン注射で難局を乗り越えています。スケジュール帳に「休む」と入れることもやります。

　ここぞというときのがんばりと集中力を担保するために、ぜひ自分なりの「カード」を持っておくようにしてください。

第3講

スタートアップの魅力について

さて、第2講は起業家としてのマインドセット、
起業家がどんな存在なのかについてお話ししました。
ここでは、そんな志をもって立ち上げる
スタートアップのいいところや、
起業の必要性についてお話ししていきます。
少しでもスタートアップの魅力が伝わればいいなぁ、
と思います。

どう?「起業家」がどんなものか、なんとなくわかってきた?

う〜ん……大変そうだけど楽しそうかも

そう、1人でいろいろやらないといけなのでたしかに大変だけど、経験も積めるし、すごく成長できるんだ

僕にもできるかな?

できるできる。学校でだってできる!

え? 本当?

ふふふ……じゃあスタートアップがどういうものか教えてあげよう

第3講　スタートアップの魅力について

1 たくさん打席に立って キャリアを形成できる

▶ 起業したい人はスタートアップで働こう

あなたが将来的な選択として「起業」を考えているなら、まずはスタートアップ（革新的な技術やアイデアで市場を開拓し、社会に新しい価値を提供しようとするビジネスモデルや企業）で働くことをオススメします。当然ですが、大企業とスタートアップとでは、働き方や環境が異なります。

大企業で働くのは、「その会社の看板で仕事をする」ということです。はじめのうちはいいかもしれませんが、その会社を離れて独立・開業した瞬間、看板の力は使えなくなります。

それこそ30年、40年と大企業に勤めていれば相応の実力が養われるでしょうが、たいした経験も積めていない若いときに辞めてしまうと、何も身につかないまま1人で戦うことになってしまいます。

その一方、スタートアップの社員はさまざまなことを自分たちでやらなければいけません。

できたての会社に「企業の看板」なんて当然ありませんから、そのぶんアイデアや専門性、機動性などでフォローする必要があります。つまり、社員1人ひとりが自発的に動かなければならないわけです。

どう見ても、大変なのはスタートアップですよね？　でも「いろいろ

な経験をしてスキルアップしたい」「自分の経験値を高めたい」という、好奇心と向上心のある人はスタートアップで働くことをオススメします。

▶ より多くの打席に立てば成長速度があがる

スタートアップで働くということは、いわば「より多くの打席に立つ」ことでもあります。

たとえば大企業で働く場合、100あるうちの1つか2つの仕事を担当することになりますが、それだと仕事の全体像を把握するのは困難です。

一方で、スタートアップのように小さな組織であれば、チャンスが回ってくる機会が増え、また大きな仕事にもかかわりやすくなります。業務の全体像を把握でき、視野が広がり実力も高まります。

1000億円のうちの1億円を任されている人と、10億円のうちの1億円を任されている人とでは、責任感が異なります。

1000人の部員がいる部活に入るよりは、10人の部活に入ったほうが、あなたの影響度が大きくなるのと同じです。物事に対して主体的に取り組めるので、成長が加速します。

僕が経営している球団でも、部員数が多くてなかなかチャンスが回ってこなかった名門校出身の人より、部員数も少ない弱小校でプレーしていた人のほうが実践経験が豊富だと感じます。

指導者のレベルや競技レベルなども関係してきますが、==より打席に立つ回数が多い人のほうが確実にうまくなる==ことは間違いありません。

「なるべく打席に立つ（実戦経験を積む）ほうがいい」という考え方にピンとこない人は、そもそもスタートアップに向いていません。「自分でビジネスをやらないほうがいい」というぐらい、大事な選択なのです。

第3講　スタートアップの魅力について

2 今の大企業も、みんな最初はスタートアップ

▶ すべての会社はそもそもスタートアップだった

　第1講で触れましたが、世界的な企業であるGAFAMも小規模のスタートアップから始まっています。つまり、すべての企業は元をたどればスタートアップといえるのです。

　彼らは創業からわずか20〜30年ほどで社会の"インフラ"（生活の基盤となる設備やサービス）になりました。今では僕たちの生活に欠かせない、なくてはならない存在です。

　日本でも、楽天やメルカリ、LINE、GMOインターネットグループなど、サービスがインフラ化しているベンチャー企業がたくさんあります。

　これらのサービスも、普及するまでは必要性や魅力、利便性を理解できない人が多く、反対されたり邪魔されたりしたのですが、それを乗り越えて大きく成長したのです。

　たとえばネット通販も、かつては「なぜわざわざネットで売り買いしなければならないのか？」と考えられていました。

　しかし、売る側も買う側も疑心暗鬼になりながらもその便利さに気づいて徐々に利用者が増えていき、サービスが普及して時代を変えていったのです。

068

▶ 起業は世の中を変えるためのもの

サイバーエージェントの「ABEMA」を見てみましょう。

インターネットテレビという発想は昔からありましたが、動画を読み込む時間が長かったり、モバイル端末で容量の大きな動画は見づらく、映像を見るのはテレビや映画館などに限定されていました。

やがて技術が進化し、スマホ動画を見るのが当たり前になると、ABEMAは多くの人に受け入れられていきました。

そのおかげで、僕たちは「〇時にテレビを見るために帰宅する」というような時間と空間の縛りからも解放され、人と会うなどもっと大切なことに時間をかけられるようになったのです。

ABEMAは人々の行動、ひいては生活のあり方すらも変えたといえるでしょう。

メルカリもそうです。

捨てようと思っていたものを、ほしい人に売ってお金を得ることができます。皆さんのなかにも、親御さんの許可をもらってすでに利用している人もいるのではないでしょうか。

このように、起業はアイデア1つで人々の生活を変えていきます。自分で1からすべて考えてもいいですし、すでにあるものに対して、あと一歩、足りていない問題を解決することから着手してもいいのです。

思いを持った人たちが集まることで、世の中を変えられる。それもまたスタートアップに参加する醍醐味といえるでしょう。

第3講　スタートアップの魅力について

3 ルールが変わる瞬間に立ち会える可能性がある

▶ 僕が新卒でも活躍できた理由

　僕がサイバーエージェントに入社したのは2011年、13期目に入ったときでした。

　ちょうどスマートフォンが普及し始めた頃で、アプリをつくったり、スマホでマーケティングする人がまだ少なかった時代です。パソコンのインターネット広告を出していた人たちがスマホでも出すようになったタイミングで、僕はその分野でサービスを立ち上げました。おかげで、先輩方が詳しくない領域で活躍することができました。

　会社はすでに上場し、社員も1000人を超えており、世間一般でいうところのベンチャー企業として成長し続けていましたが、新卒時代からスマホアプリだけに一点集中していた僕は、社内でも一番詳しい人になれたのです。

　そうなると、いろいろな仕事が舞い込んできて、さらに多くの経験を積みました。それが結果的にチャンスをつかむきっかけとなり、自分のキャリアを築き上げることができたのです。

070

▶ チャンスは「ルールが変わるところ」にある

　ルールが変わりやすい分野や、一見すると不安定なところにこそ、チャンスがあります。
　これまで劣勢だった側が、ルール変更によってあっという間に立場が逆転してしまう。スタートアップが取り組む領域には、そのような分野が多いのです。

　僕自身、一気に形勢が逆転するシーンを何度も目の当たりにしてきました。
　たとえば独立リーグの球団も、今は赤字だらけのところが多いのですが、今後「スポーツベッティング」（スポーツを対象に行われる賭け）が日本に導入されれば、一気に形勢が変わるかもしれません。
　そうした時代の変化、ルールが変わる瞬間に勝負に出られるのも、スタートアップで働くことの魅力といえるのです。

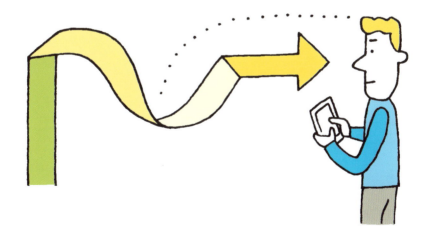

第3講　スタートアップの魅力について

4 部活の立ち上げも イベントの企画も 立派な「起業」

▶ ビジネスだけが起業じゃない

　「起業」というと、ビジネスだけで使われる言葉というイメージがありますが、本来は広く「業（仕事）を立ち上げる」という意味で、ビジネスに限ったことではありません。

　学校でいえば、部活やサークルを立ち上げることも、新しく学校をつくったり校舎を新設したりすることも、広義の「起業」なのです。

　つまり、「どのような学校にするのか」「どういったコンセプトで新しい校舎をつくるのか」を考えることは、「起業的な行為」というわけです。

　ビジネスで社長になることだけが起業なのではなく、新しく企画を立ち上げる「企て」自体が起業なのだと理解してください。

　企画をつくるのもそうで、1つの企画を形にする行為自体が起業につながります。

▶ 身近に存在するさまざまな「起業」

　ビジネスとして考えることが、学校教育にも生きるケースがあります。

072

たとえば部活をつくったり、部活で新しいプロジェクトを立ち上げたりすることも、ビジネスでの知見やスキルとして活かすことができます。それらは取り組む対象が違うだけで、応用可能だからです。
　ですから、「誕生日会」や「クリスマスパーティー」などを企画するのも一種の起業といえるでしょう。
　日取りを決め、場所を決め、コンセプトや趣旨を決めて参加者を募集する。一日限定なのか、継続して行うのかが違うだけです。

　また、部活の練習メニューを考えるのも起業といえます。
　目的・目標に応じて期間を区切り、「このトレーニングしよう」「この練習をしよう」と考えるのは、起業における具体的な動きに近いです。チーム全体を巻き込みながら、目的・目標に向けて組織を率いて実行する姿は起業家そのものといえます。

　どうです？　起業って意外に身近だと思いませんか。なので**起業を重く考えない**ようにしてください。
　学校教育の現場もビジネスにつながっています。部活やサークルの立ち上げも、**リーダーシップや志がないと難しい**、という点でビジネスなどと同じなのです。

第3講　スタートアップの魅力について

5 キャリア形成において有利になる

▶ 1つの会社で定年まで働くのは時代遅れ？

　皆さんは、「一度会社に就職したらずっとそこで働かないといけない」という考えでしょうか？

　現代では「終身雇用」というキャリア感は薄れています。

　僕の親たちの世代は「終身雇用が当然」とされた時代だったせいか、「同じ会社にずっと勤めるもの」と思っている人がけっこういるはずです。

　しかし実際は、定年まで同じ会社で勤め上げる人の割合は、現在の60代以降（僕の親世代）でも全体の3割ほどというデータもあります。

　つまり、転職したり家業を継ぐなどで、一生を一社で終えない人は昔からそれなりにいたのです。

　「いい会社に入って定年まで勤め上げる」というのは、キャリア形成のあり方としてはごくわずかな人しか経験しておらず、すでに幻想のようなものといえるでしょう。キャリア形成に対する考え方に、大きな変化が生じているのです。

074

▶ 転職も副業も当たり前の時代

　近年では、目に見えて転職者が増えています。その背景には労働人口の減少があり、優秀な人材は複数の企業で取り合いになるほどです。

　また、副業や2つの仕事をかけもちするダブルワークが解禁され、中小企業だけでなく大企業でも認められるようになってきました。

　このような転職市場の拡大と副業の解禁によって、ますます「一生を一社で終える」という状況ではなくなってきているのです。

　地方に行くと、いまだに「定年まで一社に」という話を聞きますが、それは親の思い込み。お話ししているように、時代は大きく変化しているのです。

　この先の社会に向けて、**それぞれに合ったキャリア形成を模索していくことが大切**です。スタートアップで働いたり起業したりすることは、キャリア形成のためにも大いに役立つ選択といえるでしょう。

第3講 スタートアップの魅力について

6 若いからこそ経験できるスタートアップ

▶ 複数の会社で経験値を高めよう

　ここまでのお話で、僕が「若いうちこそ、いろいろな会社で働いたりさまざまな環境に身を置くことが大事」と考えていることがおわかりいただけたと思います。

　将来のキャリアについて考えたとき、1社でキャリアを積んでいくのか、それとも転職を視野に入れておくのかによって、未来は大きく変わるからです。

1社でキャリアを積んでいくのには時間がかかります。新卒からその会社に勤めている「生え抜き社員」が社長になる時代はすでに過去のものです。

実際、LIXIL（リクシル）グループや資生堂といった大手企業も、外部出身者をトップとして迎えるなど、「生え抜き主義」を否定し始めています。

「生え抜き」の人はその会社しか知りません。30年間同じ会社にいると、その範囲でしか判断できなくなってしまう恐れがあるのです。

変化の激しい現代では、複数の会社で働いた経験や実績のある人のほうが重宝されます。

系列会社や子会社に出向（組織の外に向かって行われる人事異動）するのも1つの方法ですが、リスクを取った経験がないと、いざ責任のある立場になったときに、リスクを取る決断ができないのです。

▶「ファーストキャリア志向」とは

複数の職場を経験するために、せっかく就職した会社を辞めるのは勇気がいりますが、ときには退路を断って会社を辞める決断をするといった経験がないと、大きな意思決定はできません。

もちろん、誰もが大きな意思決定をする立場になるわけではありませんが、ビジネスの道を何十年も歩んでいけば、どこかでリーダーになることもあります。そのとき困らないために、ファーストキャリアでは「セカンドキャリア」や「サードキャリア」を見越し、意識して自分自身のキャリアを積み上げていくことが大事です。

これを「ファーストキャリア志向」といいます。

キャリアを積むには、**できるだけ若いうちにスタートアップを経験す**

るのがオススメです。大企業の一部署だと意思決定の範囲が狭く、それがファーストキャリアになると世界観が小さくなってしまう可能性があります。安易に大企業を選ぶのではなく、チャンスが回ってくる会社や業種を選ぶ姿勢をもってください。

　では、大企業がすべてダメなのかというと、そういうわけではありません。たとえば商社のような業種であれば、意思決定をするチャンスが多いかもしれません。
　なぜなら、商社は、多岐にわたる業界やプロジェクトにかかわるビジネスも多いからです。各取引先との交渉やプロジェクトを推進する際、現場レベルで迅速な意思決定が求められるため、若手社員であっても判断を下す場面が多く訪れます。

また、商社の業務は、商品の選定や仕入れ価格の交渉、新規事業の提案など、リスクを見極めたうえでの決断が日常的に必要です。

　とくに、現場の担当者が直接取引先と交渉する機会が多く、「この場で決めてほしい」と迫られる場面も少なくありません。早い段階から意思決定を伴う責任を経験することができ、リーダーとしての視点を磨く訓練にもつながります。

　大企業であっても、このような環境であれば、自ら考えて決断する機会を重ねることで、将来的なキャリア形成においても大きな財産となります。

＊　　＊　　＊

　スタートアップの魅力、伝わったでしょうか。

　世間の波にもまれ、そこで経験したいろんな知見をビジネスに活かしたい、それで社会をよくしたい、という積極性のある人こそ起業家に向いていますし、起業家になってほしいと思います。

COLUMN

教育改革のための起業

教育はなんのためにあるのか

　そのとき社会で求められていることを解決へと導いていくことが、教育のあるべき姿です。

　福沢諭吉らを輩出した「適塾」も、廃藩置県が行われる前の時代に「リーダーを育てなければ」という思いでつくられ、「学び」のもとに誰もが平等に夢を追いかけられるようにするべく運営されていました。

　社会で解決するべき課題に取り組むのが教育機関だと仮定したとき、明治・大正・昭和初期までは「西欧列強に負けない強い国家をつくる」ことが学校の目的でした。

　日清戦争の頃は、鉄砲の弾の数を数える「算数」と、命令を聞くための「国語」、体を鍛える「体操」を重視しました。そして日本軍は勝利し、賠償金でつくった富岡製糸場は産業革命の一助になりました。

　戦争に勝つための教育と、工場で生産ラインを維持するための教育がマッチしたのが、明治〜大正〜昭和初期までの時代だったわけです。

　戦後は、工場労働や製造業に従事するために必要な教育に切り替わっていったのですが、すでにその下地があったために、復興も非常に早かったのだと思います。

> いまだに学校教育の目的は、受験に強い学校をつくること。僕は、起業でそれを変えていきたいと思っています

ギャップが放置されている現状

　しかし、昭和後期から平成初期の「第3次産業革命」の頃から、社会と教育システムの間に乖離が生じ始めます。
「生み出す」ことや「アイデアを形にする」ことが教育から抜けており、そのようなことができる人々を育成できる環境が整っていませんでした。
　平成初期から令和にかけても、その状況は変わっていません。学校で学んだことと社会で求められることにはギャップがあるため、社会に出て多くの人が苦しんでいます。しかし、教育現場では「我々は社会で役立つことを教えている。そのためにいい大学に入っていい企業に就職するのが近道だ」という意識が根強く残っています。
　学校教員の評価と卒業生が活躍することがつながっておらず、受験に強い学校をつくることだけが延々と続けられているのです。そこに気づいたからこそ、僕は起業をし、教育を変えようとしています。この本を書いているのもその一環です。
　今の時代には合わないことは、教育現場だけでなくさまざまな業界にあります。そこに気づいて手を打つかどうかが、起業に直結するのです。

第4講

起業のために やっておいたほうが いいこと

ここまで、起業家とはどういうものか、
また、どんなマインドセットが必要で、
そんな起業家たちが立ち上げたスタートアップには
どんな魅力があるのかといった話を中心にしてきました。
ここではそれらを踏まえたうえで、
起業するために経験しておいたほうがいいことを
いくつかお話ししていきます。

きみの高校では、アルバイトはOKなの？

はい。夏休みにカフェでやったことがあります

どうだった？　楽しかった？

緊張したけど、いろんな人と会えて面白かったです

お、いいね〜。若いうちにいろんな仕事をしてみることは起業の役に立つんだよ

え〜、そんなこと思いませんでした

じゃあ、どう役に立つか見てみようか

第4講　起業のためにやっておいたほうがいいこと

1 会社をつくる 4つの方法

▶ 起業にはいくつかのやり方がある

起業の方法はいくつかありますが、おおまかには次の4つです。

1．ゼロからつくる
2．社内でつくった事業を買い取る（MBO：企業の経営陣や役員による買い取り、EBO：従業員による買い取り）
3．FC（フランチャイズ）に加盟して権利を得る
4．他社の事業を買い取って起業する

多くの人はゼロから事業をつくることを起業だと思っていますが、必ずしもそうではありません。自分でアイデアを考えて事業を立ち上げなくても、MBOやFC加盟、他社の事業を買い取るなど、**起業にはさまざまな方法がある**のです（僕自身はこれら4つのパターンをすべて経験しています）。それぞれの内容は次の通りです。

1．ゼロからつくる

しがらみがないので自由な一方、難易度も高いのが特徴です。僕も最初はゼロから事業をつくっていたので、「起業は本当に大変だな」と思

084

ったものです。しかも、1回成功したものが次もうまくいくとは限らないので、何度もゼロからつくって成功するのは至難の業です。

2．社内でつくったものを買い取る（MBO、EBO）

社内でつくった事業を買い取るのがMBO（Management Buyout）やEBO（Employee Buyout）です。僕も事業をM&A（第1講「3」参照）したあと上場企業と合併し、新規事業を買い取る形で再び起業しています。2回目、3回目の起業にはそのような選択をする人が多いです。

3．FCに加盟して権利をいただく

FC（フランチャイズ）は、ファストフードやコンビニをイメージしてもらうとわかりやすいです。FC本部にロイヤリティ（店などを出すための使用料）を支払ってビジネスをさせてもらう形です。看板や営業ノウハウ、マーケティング施策などのサポートを受けられる一方、制約もあります。

4．他社の事業を買い取って起業する

他社が行ってきた事業を買い取って自分で運営するスタイルです。いわゆる「承継型起業」といわれています。すでに事業として成立しているので顧客基盤なども引き継げるのがメリットですが、市場自体が縮小しているなどの課題があるケースも少なくありません。

それぞれ良し悪しがあるので、比較検討しながら、自分に合った起業にチャレンジしていただければと思います。

では次から、起業するのはどんなことをしておけばいいかについて、具体的にお話ししていきましょう。

第4講　起業のためにやっておいたほうがいいこと

2 アルバイトも「起業」へのステップになる

▶ 起業に至るまでのステップ

　起業家を目指す人は、実際に独立・起業する前に、次のような経験を積んでおくことをオススメします。

- アルバイトやインターン
- 就職後のスキルアップ
- 就職後のキャリアアップ（出世・転職）
- 複業（複数の事業。新規事業の経験含む）

　インターンとは「インターンシップ」の略で、学生が就業体験を積むための制度のこと。アルバイトの主な目的は収入を得ることですが、インターンは企業で実務を経験することで、専門的なスキルや知識を身につけることが主な目的です。
　企業に就職する前にアルバイトやインターンをすれば、学べることはたくさんあります。

　そして実際に就職したあとは、組織で仕事をしながらスキルアップを図り、社内でのキャリアアップ（出世や転職）を経てさらに経験値を高

086

めていきます。

出世や転職は起業に関係ないと思っている人もいるかもしれませんが、**実際は起業につながる知見や学びが豊富**に得られます。

さらに、近年では多くの企業で副業が解禁されており、社会的にも認められています。

複業によってさまざまな業務や組織に携わったり、あるいは社内で新規事業を立ち上げるなど、まさに"起業の練習"に近いことができる可能性もあります。

▶ 起業という選択肢を持っておく

こうしたステップを踏むと、得られる知識や情報が変わり、起業までの道筋が見えやすくなります。

大切なのは、起業という選択肢を持つことです。アルバイトやインターンもそうですし、就職後のスキルアップやキャリアアップ、さらには副業によって起業における経験値やスキルが増え、起業の選択肢が増えます。

たとえば、出世するためには、社内の人に自分の強みをきちんとアピールする必要がありますが、それは起業においても重要です。転職も同じで、社外の人に自分のよさを伝えることが本質です。

起業も、自社や商品・サービスのよさを社会に伝えていくことで成り立ちます。

こうした起業に至るまでのステップを認識し、行動するなかで、より多くの学びを得ることができます。

第4講　起業のためにやっておいたほうがいいこと

3 スタートアップで インターンに

▶ スタートアップでインターンを経験しよう

　第3講で、「複数の会社に勤めたほうがいい」というお話をしました。学生の皆さんにはまず、**スタートアップ企業でインターンを経験することをオススメ**します。

　会社を立ち上げたあと、「どのようにビジネスを成立させていくのか」「どうやって伸ばしていくのか」などを、体験として学ぶことができるからです。

　学校を卒業してからスタートアップに就職してもいいのですが、その会社が自分に合わなかった場合、せっかくの新卒切符を無駄にしてしまう恐れがあります。

　そのリスクを回避できるのもインターンの利点です。

　肌が合えば、「自分は起業に向いている」と判断できますし、いろいろな会社や仕事を見ることで、取り組むべき事業も見えてくるかもしれません。

　大切なのは、働きながら実際に起業を体験してみることです。それによって起業に対する解像度が上がります。

088

▶ インターン先の選び方

では、スタートアップを選ぶにはどうすればいいのでしょうか？ 次の"2つの目線"が参考になります。

スタートアップの評価には、「投資家目線」と「労働者目線」の2つがあります。まず投資家目線ですが、投資家は、その会社を経営している社長を見ます。社長の能力、社長の経験、つまり「社長の実力」がスタートアップを評価する要素になるわけです。

一方で労働者目線では、そこで働く人を評価します。インターンを検討している人は、投資家目線ではなく、この労働者目線でその企業を見るようにしてください。

いくら社長が魅力的でも、社長本人と一緒に仕事ができるとは限りません。むしろ、直属の上司のほうが重要です。

社長がいいからその企業に入るというのは、新しい大統領が好きだからアメリカに行くようなものです。投資対象としてはよくても、実際に働くときに社長がどこまで影響するのかは、わかりません。

規模としては、10名以下の組織が最適です。人数が少ないほど仕事は大変ですが、トップの近くで仕事を見て学べる可能性があります。

すでに企業として仕組み化されている仕事に従事するだけでは、起業のトレーニングになりません。

やることが固定していない会社に入り、スタートアップならではの仕事を経験することが大事です。

4 現場の業務プロセスに入り込む

▶「起業の練習」としてのアルバイト

スタートアップなどでアルバイトを経験することも、起業の練習になります。実体験を通じて「業（仕事）」を体験できるからです。

ただし、「この事務作業をしてください」「文字起こしをやってください」などの指示に従うだけでは、起業の勉強になりません。

大切なのは、<mark>起業の視点を持っていろいろな実務に触れること</mark>。そうしなければ起業の解像度は上がりません。

起業の視点があれば、アルバイトも貴重な「実体験を得る場」になります。

僕自身、学生時代には飲食店のキッチンや引っ越しのアルバイト、塾の講師などをしていました。

そこで触れた「お客さんや働く人の悩み」や「職場で何

が起きているのか」について考えたことなどが、のちの起業に大いに活かされていると感じています。

▶ 若いうちに複数のアルバイトを経験しておこう

アルバイト経験みたいなことは、起業して社長になったあとはほぼできません。立場が上になると、やるべきことが山積みで時間がなく、現場の仕事がどんどんできなくなるからです。

できれば、時間がある10代のうちに複数のアルバイトを経験することをおすすめします。

僕も、「もっとたくさんアルバイトをしたかったな」と思うことがあります。いろいろな実務に触れることで視野が広がり、経験が蓄積されていくからです。

それでも、学生時代にいくつかのアルバイトを経験していてよかったと思っています。それがのちの起業アイデアにもつながっているからです。

たとえば、16年間野球だけしてきた人間が、すぐに"すきまバイト"を見つけられる「タイミー」のようなサービスをつくるのは難しいと思います。働いたことがなければシフトの感覚もわからず、どういう時間軸で仕事が動いているのか、どうすれば人が集まるのかも想像できないからです。

すべての職種を経験するのはムリですが、BtoC（Business to Consumer：企業が消費者に行うビジネス）からBtoB（Business to Business：企業間のビジネス）まで**幅広く網羅的に体験しておくと、将来の起業アイデアも得やすくなる**はずです。

第4講　起業のためにやっておいたほうがいいこと

5 毎週1時間「振り返り」を行う

▶ スキルアップのための「YKK」

　僕がスキルアップで大事だと考えているのは、「メタ認知」です。

　メタ認知とは、自分の強みや弱みなど、「自分自身について知っている知識」のことです。

　メタ認知を得るためには、ノートを用意して「YKK」をすることをオススメします。YKKとは**「やって（Y）、感じて（K）、考える（K）」**の略で、僕が提唱している学びの理論です。

　立てた仮説が合っているか検証するやり方としては「PDCA」（Plan：計画、Do：実行、Check：評価、Action：改善のサイクルを繰り返すこと）がありますが、それだと仮説から検証するまで時間がかかってしまいます。そこで「YKK」です。

　P（計画）から始めるのではなく、まず実行（D）してしまうこと（Y：やって）。そして評価（C）するのではなく、感じること（K：感じて）。つまり感想だけを記して考えて（K：考える）、次の行動へと進むのです。

　これがメタ認知を得るための最もシンプルな方法となります。

▶「学び」を起業につなげていく

　たとえば、「トータルで100キロメートル走る」という課題を検討してみます。

　まずは、実際に走ってみて（Y）、2キロ走ることができたとしましょう。次に、2キロ走った感想として「久しぶりに走ったから2キロしか走れなかった」（K）のであれば、まだまだポテンシャルがあることがわかります。

　そこから「距離を伸ばそう」「記録をつけてタイムもチェックしよう」と考えられるかもしれません。あるいは「筋肉痛で足が痛かった」のであれば、このまま続けると怪我をする恐れがあるとわかります。そこから考える（K）と、「準備運動の必要性」や「靴やウェアの検討」ができます。

　このように、メタ認知を踏まえてスキルアップしていけば、100キロ達成までの時間や労力もわかります。

　就職後はもちろん、就職前もそのようにして実力を高めるようにしてください。

　YKK理論を通じてスキルアップしていけば、思考力も実行力も感性も磨かれていきます。**学んだことが、起業の確度を上げてくれる**のです。

第4講　起業のためにやっておいたほうがいいこと

6 就職後に
社内で出世する

▶ 職場では上司の期待に応える

　会社に就職したときのキャリアアップにもコツがあります。それは、**上司を"お客様"と想定し、期待に応える**ということです。

　ビジネスのコア（核心）は信頼関係にあります。第2講マインドセットのところでも言いましたが、信頼を獲得するには、約束を守るしかありません。

　また、期待に応えるということは約束を守ることですから、社内であれば「上司のお願いをきちんとこなすこと」になるのです。この連続でしか、信用は蓄積されません。

　銀行からの借入も同じです。お金を借りるというと、マイナスのイメージを持つかもしれませんが、借りたお金を期日までにきっちり返すことが、信用をつくることにもなるのです。

　社内コミュニケーションも、お願いされたことを期日までにきちんと実施すること。それを繰り返す以外に信頼関係は築けません。それは社外の人間関係も同じです。

　ですから、「**ビジネスの信頼関係は約束を守ること、期待に応えること**」と思ってください。

094

▶ 戦略的なコミュニケーションで
　キャリアアップを実現する

　キャリアアップしたいのなら、積極的に上司の期待に応えるようにしてください。

　「期待に応える」を社内コミュニケーションに応用すると、「ここまで達成したら出世させてもらえませんか？」という約束をとりつけられるかもしれません。

　「考えてみよう」「出世は難しいけど特別ボーナスを出そう」と言ってもらえる可能性もあります。

　このように、期待に応え、約束を守ることで逆に約束をとりつけ、それをキャリアアップにつなげるしたたかさ、強さも必要です。

　ただし、キャリアアップは今いる会社だけで実現しなければならないわけではありません。「この会社ではここまでだな」と思うのなら無理に出世しようとせず、転職や起業など、次のステップに進めばいいのです。

第4講　起業のためにやっておいたほうがいいこと

7 就職後の転職活動で「自分を売り込む」体験を積む

▶ 転職とは「自分を売り込む」こと

これまでにも「もはや1つの会社に定年まで勤める時代ではない」と言ってきましたが、転職率はこれからもっと高くなるでしょう。転職は「自分自身を売り込む活動」と考えて行いましょう。

起業を考えている場合、実際に転職するかどうかはわかりませんが、転職「活動」を通じて自分の付加価値を把握することができます。

起業においては事業計画やアイデアも大切ですが、メンバーを集めての組織づくりも必要です。「自分の強みは何か」「自分は何が得意で何が不得意か」、自分の付加価値を正しく把握するためにも、今いる組織ではないところで、自分がどう評価されるのかがわかる転職活動は、有効なのです。

「社内で新人賞を取りました」「社内でMVPを取りました」などは、社外の人はあまり興味をもってくれません。

また、「マネージャーをしていました」なども組織内での実績ですし、社外でも通用するとは限りません。

それよりも、「私は営業が得意です」「チーム組成が得意です」など、社外でも通用する強みに気づけることが転職活動の長所だといえます。

▶ 異業種交流会に参加してみよう

　転職活動が難しいのなら、自分を売り込むために異業種交流会（いろいろな業界の人たちが集まるパーティー）に参加してみるのも効果的です。

　社外の異なる業種の人と名刺を交換し、挨拶を交わしながら、自分の価値を伝えていくのがポイントです。転職活動に近い行動ができます。

　ただし、会社の名刺を使うと「○○社の△△です」という挨拶で終わってしまう恐れがあるので、できれば交流会用に個人の名刺をつくっておくようにしてください。

　名刺交換を繰り返していくと、自分にどのような価値があり、それをどのように伝えれば効果的なのかが整理できるようになります。

　転職活動よりは「自分を売り込む」ことにはならないかもしれませんが、擬似的な起業力を高めるよい練習にはなると思います。

　交流会での活動を踏まえ、あらためて転職活動も行えば、より多様なかたちで「自分を売り込む」練習ができるはずです。

第4講 起業のためにやっておいたほうがいいこと

就職後に社内起業する「イントレプレナー」という選択もアリ

▶ 会社に所属したままでも起業できる

　皆さんのなかには、起業を「独立」ととらえている方も多いと思います。しかし、必ずしも**会社を辞めて独立しなくても、起業はできます**。会社に所属したまま事業を立ち上げること、つまり**「社内起業（イントレプレナー）」**がそれです。

　起業にはリスクがあります。リスクの取り方によって、100のリスクを取って1万のリターンを得るのか、1のリスクを取って100のリターンを得るのかという違いがあります。

　リスクとリターンの倍率が同じだと仮定すると、失敗の幅を狭めるためにも、会社にいて社内起業するほうがより安全です。会社としても、社内で新規事業を取り組むのであれば人材流出にもなりませんし、それで成果をあげてもらえればお互いにウィン・ウィンです。

　会社の文化や前例があるかどうかにもよりますが、いきなり会社を辞めるのではなく、できるのであればイントレプレナーという選択も視野に入れてみてください。

　就職するときに、その会社で社内起業ができるかどうかを調べておくと、入社してからチャレンジしやすくなります。

▶「新メニュー」を提案するのも起業の一種

完全な起業でなくてもかまいません。たとえば飲食店でアルバイトしている人が、「新メニューつくってもいいですか？」と提案することも一種の新規事業です。カレーをシチューに変えるのも1つの挑戦ですし、賄いをメニューとして提供することもそうです。アルバイトでも新規事業は可能です。

僕の場合、個人経営の塾で講師をしていたとき「成績があまりよくない子を集めて授業をしてもいいですか？」と提案し、実際に行っていました。それで時給が増えたわけではありませんが、新規事業の経験にはなっています。

提案が採用されるかどうかよりも、挑戦する体験が大事です。「新メニューをつくってもいいですか？」「値引き販売をしてもいいですか？」など、できることはたくさんありますので、ぜひチャレンジしてみてください。

それができなくてストレスになる人は、環境を変えるか、場合によっては思い切って起業してしまうのも1つの方法です。

＊　　＊　　＊

アルバイトやインターン、会社への就職と転職など、起業する前に実際に働いて知見とスキルを高める方法についてお話ししてきました。

いずれにしても「起業するんだ」という意識と、起業家（経営者）になったつもりで考えたり行動することが、のちの起業に必ず役に立つはずです。やることはすべてが起業に結びつく、という姿勢でいろんな経験をしてみてください。

COLUMN

コンテストには
出たほうがいいのか

起業にビジネスプランコンテストは必要ない

「起業するには、ビジネスプランコンテストで優勝したほうがいいですか？」という質問されることが多いのですが、結論としては「出なくていい」と思います。起業するのにビジネスプランコンテストは必要ありません。

理由は、ビジネスプランコンテストの評価軸と、実際に起業した場合の評価軸が異なるためです。前者はコンテストの審査員（投資家など）が、後者はいわゆる"お客様"が評価するのです。

とくに東京都内で行われているビジネスプランコンテストの多くは、出資者である投資家が事前に優勝者を決めている場合があるのです。そのため、優勝予定のチームが有利になるように、ほかのチームには否定的なコメントが出されるケースもあります。

それを真に受けて諦めてしまうのは、非常にもったいないことです。起業するからといって、必ずしもコンテストに出る必要はないと思ってください。

"まだ誰も見たことがないもの"は、そもそも「コンテスト」ウケしにくい

リスクを取ってくれる人に向き合うことが大事

　地方のビジネスプランコンテストも同様です。

　僕も過去に出場して優勝したことがあるのですが、「ぜひがんばって地域を盛り上げてください」と言われるだけで、ビジネスに直結することはなく、メリットはありませんでした。

　唯一の利点は、大勢の前で発表する機会を得られること。数十人、数百人の前でプレゼンテーションをする機会はあまりないので、経験としては価値があります。

　ただし、「プレゼンテーションをして評価される」ということ自体、起業の本質からズレています。無名の頃のスティーブ・ジョブズやビル・ゲイツが公衆の面前でプレゼンして、果たして評価されたでしょうか。

　起業は「多くの人がその価値に気づいていない」からこそチャンスがあります。プレゼンをして多くの人に認められてしまうと、そのビジネスアイデアはチャンスが少ないと考えるべきです。

　コンテストに出るぐらいなら、お客様と1対1で話すようにしてください。実際にリスクを取ってくれる相手に向き合うことが大切です。リスクを取っていない人に共感されても、何も生まれないでしょう。

第5講

起業に不可欠な「事業」をつくるためのヒント

ここまで、起業家のマインドセットや起業前にどんな経験をしておいたほうがいいかなどをお話ししてきましたが、
実際に起業するためにいちばん必要なのが「事業」です。
つまり、「自分のやりたいことを実現するためにどんなサービス、どんなプロダクト（商品）を社会に提供すればいいのか」
を決めておく必要があります。
ここでは「自分さがし」ならぬ「事業さがし」のヒントを
お話ししていきます。

第3講で「学校でも起業できる」って言ったけど、あれから何か思いついた？

う〜ん……なんにも（笑）。何かヒントありませんか？

そうだね、たとえば、クラスメートたちは何にいちばん困ってる？

勉強……と言いたいけど、やっぱり人間関係かなぁ

じゃあ、AさんがBさんに言いたいことを代わりに言ってあげる「お気持ち代弁業」なんてサービスはどう？

たしかに、誰かがあいだに入ると伝えやすいかも……

みんながどういうことに困ってるか、を見つけてそれを解決するというのも、起業家的な視点なんだよ

第5講　起業に不可欠な「事業」をつくるためのヒント

1 事業＝困りごとを解決すること
困りごとはどう見つけるか

▶ 事業は「困りごと」から考える

ズバリ、事業の本質は「困りごとを解決すること」です。

プロダクト（商品）をつくってから「どう売ろうか？」「どう磨きをかけていこうか？」と考える人が多いのですが、それよりも**「ユーザーの困りごと」をとらえているか。それができていればマーケティングの半分は達成している**ようなものです。

僕の経験を話しましょう。以前、球団経営の一環として人材紹介の事業をつくろうとしたことがあります。「野球選手が引退したあとに就職するのは大変」「香川県内の企業は人手不足に陥っている」という、2つの事象をマッチングさせればビジネスになると思ったのです。しかし、うまくいきませんでした。実際の困りごとは違っていたからです。

企業としては、そもそも採用コストをかけられません。人手不足に対する提案としては、人を増やすよりも業務の効率化や自動化、AI活用など、将来的な経費削減のほうが適していたと思います。

また、選手側としても、就職するのが大変というよりは「引退後に何をしたいのかわからない」という悩みを抱えていました。それは人材紹介では解決できない問題です。

▶「応援したい」ニーズをとらえる

　一方で、困りごとからスタートしてうまくいった事例もあります。地元の協賛企業の獲得、つまりスポンサー事業です。

　地元の人たちには、「自分たちの地元チームを応援したいニーズ」があります。ですから、そういう方々に、応援の仕方として「地域貢献として野球教室をしませんか？」「体操教室をやりませんか？」という、一見するとビジネスっぽくないものへの協賛を提案したのです。

　「応援したいけれど、そのための手段がない」という困りごとを解決するわけです。「自分が協賛することでチームの応援ができる」、つまりニーズに応えたわけです。

　たとえば、推し活ではファンは現地で応援するだけでなく、動画を見たりTシャツやタオルを購入したりするなど、さまざまなコンテンツやグッズにお金を使って応援しています。

　ファンにグッズやコンテンツを提供すること自体が、ソリューション（解決法）なのです。つまり、「応援したい」という欲求があるのにそれを満たせていないのであれば、それは「困りごとがある」と判断できます。

　マーケティングが成立しているところに商品を提供したり、商品として成立しているところに地域を変えてマーケティングするなど、いろいろな方向性が考えられます。

　困りごとを持っている人を束ねるマーケティングなのか、あるいは困りごとを解決している状態のプロダクトを展開するのか。**新規事業をつくるときはそのどちらかを考えるのがポイント**です。

第5講　起業に不可欠な「事業」をつくるためのヒント

2 サービスのつくり方
売れるものをつくるか、
売ってからつくるか

▶ サービスはどのようにして生まれるのか？

　皆さんの学校でも、「困りごと」はいくらでも見つかるのではないでしょうか。たとえば、学食まで遠いクラスの生徒たちが、「10分の休憩時間ではとても買い出しにいけない」「買いたいものが売り切れている」という悩みを抱えていたとします。彼らの代わりに輸送費100円で商品を買って届けてくれるサービスがあったとしたら……。困りごとを解決しているので、ビジネスとして成立する可能性があります。

　あるいは中間テストや期末テストの過去問を先輩から引き継いで販売するなども、やり方によってはビジネスとして成立しそうです（学校からは怒られそうですが）。

　この2つには、「身近な人の悩みを代わりに解決する」という発想が根底にあります。すべてのビジネスは、誰かの代わりに何かをする、なんらかの悩みを解決してあげることで成り立っています。

　それがサービスづくりの基本的な考え方です。

106

▶ 代わりにやってあげる

電車に乗って移動するというのも、自分で歩く代わりに輸送してくれるビジネスです。自動販売機でペットボトルの水を買うというのも、わざわざ家に帰って水道から水を飲むという手間を省いてくれます。

野球のようなエンターテインメントも、ニーズを満たすという意味では同じで、「くつろぐ時間にコンテンツを楽しみたい」という余暇のニーズを踏まえて提供されています。

自己実現の先にある「応援欲求」「推し活動」も、叶えたい欲求の1つです。「"推し"をつくってあげる」ことは、その代わりになります。

すべてのビジネスを「誰かの代わりにしてあげること」と定義すると、サービスのつくり方も「誰かの困りごとを代わりに解決するもの」ということがわかります。ビジネスはそのようにして生まれるのです。

パターンとしては、「代わりに行ってからお金をもらうもの」と、「先にお金をもらって行動する」ものとがあります。

第1講で紹介したスティーブ・ジョブズは、先にお金をもらってから製品をつくって提供しているので、後者のモデルとなるわけです。

第5講　起業に不可欠な「事業」をつくるためのヒント

3 「やりたい、けどできない、でもやりたい」を狙う

▶ ダイエット食品のニーズとは？

　ダイエット食品は、人の「やせたい」というニーズをとらえているように見えますが、実際は違います。

　正確には「やせたい、自分でランニングをしたりトレーニングしたりすればやせられるかもしれない、けどできない、でもやせたい」という困りごとをとらえているのです。

　「なかなかやせられないけれど、夏に薄着したり水着を着ることを考えると、やせないと恥ずかしい」という困りごとに対して人はお金を払うわけです。

▶ ユーザーアンケートの注意点

　たとえばあなたが学校で、先ほど例にあげた「過去問を売る」というビジネスを始めたとしましょう。それで「タダならほしいけど有料ならいらない」と言われたら、それはみんなの本当の「困りごと」ではないと判断できます。

　「やりたい、けどできない、でもやりたい」という、どうしてもやりたいけど自分ではできない、ほかではできない悩みごとでないと、ビジ

108

ネスになりません。

起業家はそれを見つける必要があるのです。

ただし、ユーザーアンケートでそのような困りごとを見つけることはできません。

マクドナルドでユーザーアンケートをとると、「健康的なメニューがほしい」というニーズが得られるのですが、実際に売れるのはハンバーグが何枚も入っていてソースたっぷりの高カロリー商品です。

つまり、お客様がほしいというものと、本当に買われるものは別物なのです。コロンブスの卵に近いですが、**「出されてみて初めてそれがほしかったことがわかる」**というところにニーズがあります。

コンビニにある「常温の水」もそうです。お客様が本当にほしいものは、彼らが気づいていないところにあります。アンケートからアイデアを得ようとするのではなく、**自分がお客様になったつもりで**「やりたい、けどできない、でもやりたい」を探りましょう。

第5講　起業に不可欠な「事業」をつくるためのヒント

4 ビジネスモデルを選ぼう
ビジネスモデルを分解してみる

▶ 子どもみたいに「見本」をなぞってみる

事業をはじめるときのコツは、**既存の事業を「なぞる」からはじめること**です。

いきなり新しいことを考えようとしてもうまくいきません。幼稚園児がいきなり絵を描こうとしてもうまく描けないのと同じです。しかし、すでにできあがっている絵に色をつけるだけの塗り絵なら、はじめてでもできますし、道具の使い方も覚えられます。

とくに起業初心者は、点線をなぞるように、既存のビジネスを参考にしましょう。いわゆる**「ビジネスモデル」をもとに応用してみる**のです。

スポーツも同じで、僕の息子も最初はボールを投げるときに右足と右手を同時に出していました。そこで「僕のマネをしてごらん」と言ってモノマネから入ると、結果的にフォームが修正され上手になりました。

歴史があるビジネスは、洗練されて今の形になっています。**最初はなぞったほうが、正解にたどり着くスピードも速くなる**のです。

110

▶ ビジネスを分解して商流を把握しよう

　ビジネスモデルやビジネスモチーフ、スキームなどさまざまな言い方がありますが、大切なのは<u>「商流」（商品が生産者からお客様に届くまでの過程）をなぞること</u>です。つまり、「誰が」「何に」「いくら払って」「どういうサービスを提供しているのか」という流れをマネるのが基本です。

　ビジネスモデルはそれ自体にオリジナリティがあるのではなく、組み合わせによってさまざまな事業を構築できます。既存の成功事例があるので展開しやすいのも利点です。

　ビジネスモデルに着目すれば、飲食店やコンビニなど、身近な商売が参考になります。それらを参考にして、自分が携わるビジネスに応用する、つまりマネるものを「選ぶ」のです。

　そして選んだビジネスを分解してみてください。「誰が」「何に」「いくら払って」「どういうサービスを提供しているのか」に分解して、それらの流れを把握すればそのビジネスモデルへの理解が早まるでしょう。

第5講 起業に不可欠な「事業」をつくるためのヒント

5 100円の水を 1000円で売る方法
機能価値と感情価値

▶ ペットボトルの水はなぜ売れるのか

　学校で水道の水を飲むとき、お金を払っている人はいませんよね？このように安心して水道の水が飲める日本で、ペットボトルの水を100円で買ってもらうのは大変だと思いませんか。

　計算すると、100円分の水道水はペットボトル1000本以上になります。その場で飲める水道水があるにもかかわらず、ペットボトルの水を買ってもらうのには理由が必要です。

　たとえば、ホテルのラウンジや高級レストランでは、水が1000円することもあります。これは、商品やサービスそのものの機能や性能など「機能価値」としての価格ではなく、場所や雰囲気など感情（心）に訴えかける「感情価値」によって設定された価格です。

　同じものでも、場所やタイミングなどの条件によって価格は変わります。同じペットボトルでも、富士山の八合目にあると価格は高くなります。そこまで輸送するコス

トや提供するタイミングなどを感情的にとらえるため、街で買うより高い価格でも、人は買うわけです。

つまり、価格だけ見ても、その商品が安いか高いかは一概にはいえません。**機能価値だけでなく、感情価値として価格をとらえることで、値付けのポイント**が見えてくるのです。

▶ 顧客は何に対価を支払っているのか

「書籍」の場合はどうでしょうか。同じコンテンツでも、書籍でなら1500円で読める内容のものが、著者自らが講演で話すと参加料だけで数千円に、企業向けの研修になると数万円〜数十万円に設定されます。

コンテンツに求めるものが「知識」や「情報」だとすれば、書籍の1500円で十分かもしれません。

しかし、「著者の話を生で聞きたい」「人脈にしたい」ということであれば、書籍代以上の値段を出してもいいと思う人は一定数います。

大切なのは、**「求められているのは何か」と考えること**です。

人が商品やサービスを購入する理由はさまざまで、不安だから買っていたり、その先にあるなんらかの期待を買う場合もあります。ビジネスでは、そのギャップを上手に利用することが大事です。

水を高く売りたいのであれば、水道水やペットボトル市場で勝負するのではなく、そこに対して高額を出しているシーンを狙うようにしてください。

同じ商品でも、売り方によって価格が異なります。お客様が何に価値を見いだし、自分自身も何に対して対価を支払っているのかをよく考えてみることが大切です。

第5講　起業に不可欠な「事業」をつくるためのヒント

6 売る商品は 自分でつくらなくてもいい

▶ 日本で一番儲かっている事業とは？

　本書でこれまでにあげてきたように、ビジネスのやり方はいろいろあります。商品に関しても、必ずしも自分たちでつくる必要はありません。

　では、ここで質問です。製造業の次に、日本で一番儲かっている業界はなんだと思いますか？

　答えは、卸売業です。会社でいうと三菱商事、伊藤忠商事、三井物産などのいわゆる商社です。簡単にいえば「世界中からさまざまな商品を仕入れてきて、それを必要としている人や企業に売る」というビジネスモデルです。

　彼らは、商品を自分たちでつくらなくても、ビジネスのやり方によって大きな利益を得ることが可能だと証明しています。「買いたい」というニーズがあれば、それに応える商品を世界中から仕入れて提供する。それによって、日本で一番儲かるビジネスができるのです。

　無理に商品をつくろうとしなくても、「すでにあるものを仕入れて売る」というスタイルでもいい。代理販売などからビジネスをスタートすることも十分に可能なのです。

114

▶ 行動を「ビジネス」として成立させるには

　広告代理店も「自分たちで商品をつくる」とは異なるビジネスをしています。

　たとえば、電通や博報堂は誰もが知っている企業ですが、表に出てくることはほぼありません。基本的には、多くの企業が打つ広告を裏方としてサポートしています。

　企業の困りごとを汲み取り、解決策を広告プロモーションとしてサービス提供できているからこそ、高い売上を実現し続けているのです。

　そういう会社ばかりではありませんが、重要なのは「そういうやり方もある」と知ることです。商品をつくってビジネスとして成立させることは、非常に難易度が高いのです。まだ誰も見たことのない新しい商品であれば、なおさらです。

　物があふれている現代で、商品づくりに悩むぐらいなら、**売れている商品を仕入れて売ったほうがビジネスとして成立させやすい**のです。

　起業初心者ほど、無理に自分で商品をつくろうとして頓挫してしまいがち。**ビジネスを柔軟にとらえ、より成立させやすいもの**を検討してみてください。

第5講　起業に不可欠な「事業」をつくるためのヒント

7 「誰を顧客にするか」で成否は決まる

▶ 持っているお金と使うお金は別物

　ビジネスでは重要なポイントの1つが、誰がお金を使うのかを知ることです。その傾向は、データから知ることができます。

　たとえば高級車を乗り回している人を見ると、年収が高い人だと思うかもしれませんが、案外そうでもなく、単に車が好きだから車にお金を惜しまない、という人が多い場合があります。逆に、どれだけお金があっても、軽自動車に乗り続けているという人もいるでしょう。

　また、コンビニで数千円の買い物をする人がお金持ちなのかというと、意外にそうではありません。

　お金を持っているかどうかと、どう使うのかにはギャップがあるのです。その傾向をつかむことが大切です。

　かといって、お金持ちばかりをターゲットにすることが必ずしも正解というわけではなく、要は自分の商品やサービスに予算を投下してくれる人を狙うことがマーケティングのコツなのです。

▶ 顕在顧客と潜在顧客（イノベーション曲線）を念頭に置く

　ユーザーは必ずしも顕在化しているとは限りません。潜在的な需要も考える必要があります。

　一般的には、新しもの好きの「イノベーター」（2.5％）が先行事例のない状況で購入し、そこからマーケットを広げていく「アーリーアダプター」（13.5％。新しい商品やサービスをすぐ使う流行に敏感な層）や「アーリーマジョリティ」（34％。新しい商品やサービスに興味がある層）へと拡大していきます。これは「イノベーション曲線」と呼ばれるものです。

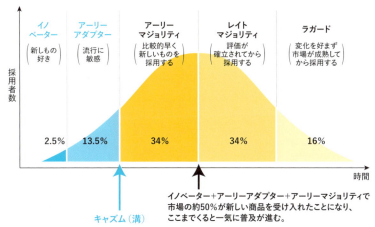

※東大IPCホームページより（2022年4月15日）を改変

たとえば、Macがそうです。

日本にMacがやってきたばかりの頃は、一部のギーク（特定分野の豊富な知識や深い興味をもっている人）や「パソコンオタク」と言われる人（イノベーター）に選ばれていたのですが、流行に敏感な「アーリーアダプター」が使うようになり、それを見た「アーリーマジョリティ」が「パソコンといえばMacだね」となってから一気に普及しました。

そしてそうなると、イノベーターの人は、最先端のパソコンや自作のパソコンなど、より新しいものに流れていきます。

インディーズ・バンドや地下アイドルなども同じです。デビューしたての頃は少数の濃いファンがついているのですが、メジャーデビューすると当初のファンはだんだん離れていきますよね。

起業においても、**最初は濃いファンに向けてつくり、ニッチ（大企業が相手にしないすごく小さな市場）のお客様、一部の限定的なニーズに応えていき、そこから広げていくのが王道**です。

最初から大衆に提供しようとするとお客様がそれ以上増えず、市場が限定的になってしまいがちです。

まずは大企業など既存の企業が見向きもしないような「スキマ」を狙うのが、スタートアップの1つの戦い方なのです。

第5講　起業に不可欠な「事業」をつくるためのヒント

8 「自分が提供するサービスは何に置き換えられるか」を考える

▶ そのサービスは何に置き換えられるのか？

　まったく新しいサービスは、それに対する「本当にその値段に見合う価値があるの？」という「課題感」と「予算感」をユーザーは持っていないので、ビジネスとして成立しにくい傾向があります。

　たとえば、学業や部活、バイトなどで毎日忙しく過ごしている学生は、「英会話のレッスンをしませんか？」と言われても「時間がない」と思うでしょう。

　時間的にどう考えても隙間がない場合、そこにお金を使おうとは考えないでしょうから、ビジネスとしてもリプレイス（置き換え）のしようがありません。

　一方、浪人生になると学校に通わなくなるので、塾に通ったり英会話を学ぶ時間的な余裕、必要が生まれます。

　ビジネスチャンスは、そういったところにあるのです。

　新しいサービスを提供しようとする場合、「それは何にリプレイスされるものなのか」を検討してください。

120

▶ 動作と予算をリプレイスしよう

　電車通学をしている人はわかると思いますが、乗車している時間を節約できれば、と考えている人はたくさんいます。でも、「お金がかかってもいいからヘリコプターを使いたい」とまで思う人はいないでしょう。

　ちょっと極端な例でしたが、予算感が大きくズレていると、リプレイスの対象にはなりません。ただ、僕のようにほぼ毎週、東京と地方を往復している人になら、「10万円でヘリコプター乗り放題」などのサービスがあれば、検討する余地はあります。この場合、「効率的な移動」という動作をリプレイスしており、かつ予算的にも幅があるためです。

　このように、通常の生活リズムに組み込まれていないものをリプレイスするのは難しく、ビジネスになりにくいといえるでしょう。それよりも「動作と予算を移行させる」ことがビジネスの近道といえます。

「動作と予算を移行させる」とは、従来の作業やコストのかけ方を見直し、**より効率的で価値のある方法に置き換える**ことです。
　たとえば、人が行っていた単純作業を機械やAIに任せることで、労働時間を減らし、より重要な仕事に集中できるようになります。
　こうした**無駄な手間や固定費を削減し、限られた資源を有効活用するための考え方は、ビジネスアイデアの基本**です。
　事例を３つ挙げてみましょう。

1．手書きの宿題管理 → アプリに移行

　これまで、手帳やノートに宿題を書いていたのを、パソコンの宿題管理アプリに置き換えることで、忘れることが減り、時間管理も簡単になります。紙代も節約できます。

2．家の掃除 → ロボット掃除機に移行

　自分で掃除機をかけていた時間を、ロボット掃除機に任せることで、掃除の時間を勉強や趣味に使えるようになります。少し初期費用はかかりますが、毎日自動で掃除してくれるので長い目で見ると時間と労力の節約になります。

3．CDを買う → 音楽配信サービスに移行

　昔は音楽を聴くためにCDを買っていましたが、今は「サブスク」の音楽配信サービスにお金を払うことで、何千曲もすぐに聴けるようになりました。お店に行く手間もなくなり、効率的です。

　新規のサービスをつくる際には、**動作だけでなく予算のリプレイスにも着目**してみましょう。どれほど暇に見える人も、動作と予算がリプレイスできないものは選択しません。

　まったく何もないところで、新しいものを打ち出しても受け入れられないのです。

第5講　起業に不可欠な「事業」をつくるためのヒント

「SNSでバズらせる」は幻想

▶ うどん文化はSNSのおかげじゃない

　高校生にビジネスアイデアを考えてもらうと、半数近くが「集客やマーケティングはSNSで行います」「インフルエンサーを活用してSNSに投稿してもらい、このサービスを盛り上げます！」と答えます。

　若い人にとってはSNSが身近なので仕方ないのかもしれませんが、それですべてのサービスが売れるわけではありません。

　たとえば、香川県の「うどん文化」は、1000年以上の歴史があるといわれていますが、インスタグラマーが「このうどん超おいしい！」と投稿して普及したわけではありません。

　小麦や製麺技術が伝来し、地場産業との兼ね合いもあって安くておいしいうどんをつくる人が増え、子どもの職業体験の場としても活用されるなど、さまざまな要因が重なって普及し、文化として根づきました。

▶ SNSは「瞬間風速をつくる装置」

　僕は横浜出身ですが、シューマイをつくったことはありません。それでも横浜のシューマイが名物であることは知っています。

これもSNSでバズったからではなく、横浜駅構内に出店されている複数店舗を、市民はもちろん、横浜駅を使う人が何度も目にすることで「名物」として認識されていったのです。

SNSでバズったものは、瞬間的には大きな話題になるかもしれませんが、廃れるスピードも速く、**SNSは「瞬間風速をつくる装置」**という見方もできます。

やはり**基本は、地道なマーケティング**。これが大事です。「地元でどうやって認識してもらうか」を含め、子どもたちや親御さん、さらには企業がどうやって認識していくのかを、複合的な要因から探る必要があります。

野球に関しても、SNSで流行ったわけではなく、何も娯楽がないときに楽しみとして提供されたり、戦後復興の象徴として親しまれたなど、地道な活動によって根づいたのです。

「SNSで広めればいい」という安易な発想で考えないようにしましょう。

＊　　＊　　＊

ここでは、起業に不可欠な「事業」をどうやって見つければいいかをお話ししてきましたが、参考になったでしょうか。

大切なのは、今あるものをただ見たり使ったりするのではなく、「こういうことで困っている人が実は多いのでは」「これはこうすれば便利になるのでは」など、問題意識をもって人やサービスを見る目です。意外と身近なところに、誰も気づいていない「事業」の種はあるかもしれませんよ。

> **COLUMN**

ちゃんと営業する

営業はフィードバックを得るためにする

　ざっくりいえば、「営業をする」とは「値段を伝えること」です。商品の内容や利便性を相手に説明して、こちらがその価値に見合うと考えてつけた値段を伝え、「買うか、買わないか」を判断してもらうことが、「営業」なのです。

　「ちゃんと営業する」ことはビジネスの基本です。起業においてもそれは変わりません。

　営業は大変なことも多く、苦手意識を持つ起業家も少なくないのですが、「まだちょっと検証中なので……」などと言い訳することは許されません。むしろちゃんと営業してフィードバックをもらったほうが、商品やサービスの改善につながります。

　そうしなければ、本音のフィードバックは得られません。「こういう商品なんですよ」と伝えるだけだと、「いいんじゃないですか？」という反応しか返ってこないでしょう。

　「値段は月額10万円です」と提示することで、サービス内容が価格に見合うかどうかのジャッジが受けられます。意味のあるフィードバックはそうやって初めて得られるのです。

製品やサービスが価格に見合っているか、ジャッジしてもらうつもりで真剣に取り組もう！

値段を伝えて本音を引き出す

　値段を伝えたうえで「いらない」と言われれば、サービス内容か価格を変える必要があるとわかります。本音のフィードバックを得ているからこそ、迷わずに変更できるのです。

　営業を躊躇してはいけません。本音のフィードバックをいち早く得るためにも、商品・サービスができたらすぐに営業してください。

　「どんどん売り込もう」というより、先に伝えることで改善のためのフィードバックを得ていくイメージです。それが起業における営業です。BtoBでもBtoCでも同じです。商品・サービスが100％固まってからではなく、前倒しで営業をかけるのがポイントです。

　コンビニの商品も値段が微妙に変わることがあるように、時と場合によって原価や仕入れコストも変わりますから、サービス内容や価格を変更すること自体は問題ありません。

　事業が軌道に乗ってから「やっぱり変えます」と言うのではなく、初期の段階からフィードバックを得て、改善を重ねていってください。

第6講

会社づくりに必要な基礎知識

ここでは、起業するときに必要な「会社」に関する知識と、
知っておいたほうがいい実務的なことの一部を
紹介していきます。
現実に会社を立ち上げる際や経営していくときには、
契約や手続きなどが必要になりますが、
そういうことは専門家に任せてしまうほうがいいでしょう。

みんないろいろな学校からこの講義に来てるけど、今の学校を選んだ理由は何？

中高一貫でしっかり勉強したいので今の学校を選びました

理系の仕事がしたいので、専門学校にしました

通っていた祖父や父から聞いた校風が好きなので、今の私立を選びました

「学校」といっても、公立や私立などいろいろあるよね。会社もそうで、ひと口に「会社」といってもいろいろある。起業するときにどんな会社にすればいいか、見てみよう

第6講 会社づくりに必要な基礎知識

会社は「株式会社」だけではない

▶ 株式会社ってなんだ？

　起業というと、「"株式会社"を立ち上げること」と考えている人が多いかもしれません。

　たしかに「株式会社」は最もよく見聞きする一般的な企業形態ですが、組織をつくって事業をするという意味では、合同会社や一般社団法人、NPOなどさまざまな選択が可能です（右の表参照）。また、組織にしないで起業するなら個人事業という選択もあります。

　それでも起業時に株式会社を選択する人が多い理由は、その仕組みにあります。

　株式会社は「株式」を発行して資金を集め、その資金で組織・事業を経営していくスタイルです。会社の所有者と経営者が別なことが特徴で、会社の所有者は「株主」になります。最大の強みは、リスクを分散できることでしょう。

　株式会社のはじまりは、1602年にオランダで設立された東インド会社といわれています。香辛料貿易に伴う航海のリスクを分散するため、お金を出す人（出資者）と実際に航海する人とを区別し、得られた利益を分配する仕組みです。

「会社」のいろいろなかたち

	起業形態	設立費用（目安）	手間（目安）	主な特徴
1	個人事業主	0〜10万円 （開業届は無料）	簡単 （開業届を提出）	開業手続きは 簡単だが 信用度は低い
2	合同会社	約6万〜10万円	やや簡単 （法務局で登記）	設立コストが低く 小規模事業向き
3	株式会社	約20万〜30万円	やや複雑 （定款作成、登記、 資本金用意）	資本金の 自由度が高く 信用度が高い
4	NPO法人	約5万〜10万円	複雑 （所轄庁への申請、 定款作成）	社会貢献活動を 目的とする
5	LLP （有限責任 事業組合）	約6万円	やや簡単 （法務局で手続き）	パートナーシップ型 の事業向き
6	社会福祉 法人	約20万円	非常に複雑 （行政庁の認可が 必要）	福祉関連の 事業向き

当時の航海は今よりすごく危険で、船の建造にも巨額の資金が必要でした。そこで航海自体をプロジェクト化し、複数の出資者でリスクを分散しながら、アジア地域での貿易を実現したのです。

▶ 資金調達の手段は多様化している

現在の株式会社も、東インド会社とほぼ同じ仕組みです。資金調達の仕組みとして優れている点は変わりません。

ただ、最近は、昔からある「銀行からの借入」だけではなく、クラウドファンディング（サービスや商品を告知して、賛同した人からお金を募る方法）など、資金調達の手段も多様になりました。

ブログやYouTube、X（旧Twitter）などでも資金を集められるようになったため、資金調達と事業の関係性に変化が生じています。

ですから、株式会社はあくまでも起業という選択肢の1つであり、「起業＝株式会社の立ち上げ」ではない点を押さえておくようにしてください。

自分がやりたいことを突き詰めていった結果、株式会社よりNPOのほうがいい場合もあります。ビジネスに向かない教育事業などは、社団法人として立ち上げたほうがいいかもしれません。

事業の特徴を踏まえ、活動にマッチした組織形態を選択することが大切です。

第6講　会社づくりに必要な基礎知識

2 「借金」は「悪」ではない

▶「先に資金を得る」という発想

　事業を運営するには、当然、資金が必要です。売上を得て軍資金をつくるというやり方もありますが、先行投資を行うために「借金（デットファイナンス）」をするのも1つの方法です。

　先にお金をつくったうえで、それを使いながら返済しつつ、規模を拡大していくやり方です。起業初心者は、この手法を知っておく必要があります。

　デットファイナンスは、ベンチャーやスタートアップだけが使っているわけではありません。老舗企業も大企業も、借入をして資金をつくり、先行投資をしながら事業を成長させています。

▶ 借金は「奨学金」と同じと考えよう

　大学生の奨学金も、考え方としては同じです。

　高校を卒業して4年間アルバイトをして学費を貯めてから大学に行くと、23歳から通うことになりますが、先に奨学金を借りて18歳から大学に入って勉強し、就職して返すという方法です。

これも立派な借金ですし、先行投資のためのデットファイナンスといえるでしょう。

　もちろん、借金をする以上、**それだけのお金を返せる自分になる**必要があります。大学生活は、借りた以上の付加価値を生み出すためのトレーニング期間、ととらえることもできるでしょう。
　長期戦略という観点で考えると、借金も奨学金も選択肢の１つ。「**借りたぶん、しっかり返せる力をつける**」という発想が大切です。

第6講　会社づくりに必要な基礎知識

3　M&A（合併、買収）について

▶ 起業の先にある「M&A」の基本

ニュースなどで「M&A」という言葉を聞いたことがあると思います。

「M&A」とは、「Mergers（合併）and Acquisitions（買収）」の略称です。企業や事業を買収するだけでなく、複数の会社が合併することも含まれます。「合併」と「買収」の違いは次の通りです。

- 合併：複数の会社が1つに統合するもの。一方が消滅（消滅会社）して他方が存続（存続会社）する方法と、ともに消滅して別の会社を新設する方法がある。
- 買収：ある会社が別の会社の事業や経営権を取得するもの。事業譲渡や株式譲渡がある。いずれの法人格（140ページ）も消滅しないのが特徴。

M&Aのこまかい分類は多々ありますが、重要なのはM&Aの本質を知ること。それによって起業の出口をイメージできるようになるからです。

対象が「株式」か「事業」かによって、M&Aの方向性は異なります。

株式を譲渡する場合は会社の所有権を譲渡することになり、事業を譲渡する場合は特定の事業のみが譲渡されます。

複数の事業をしている会社であれば1つの事業だけ渡すこともできますし、事業が1つだけの会社は、事業を譲渡して会社をたたむケースもあります。

これらの違いを知っておくだけでも、M&Aを有利に進めやすくなるでしょう。

▶ 企業や事業の算定方法

M&Aでは、企業及び事業の価値を数字で評価する必要があります。

ここ最近では、複数の計算式で算出した数値の中央値や平均値を参考にすることも多く、どのような算定方法が使われているのかを事前にチェックしておくのがベストです。

ちょっと難しくなりますが、そのほかにも「株式交換」という方法があります。売り手と買い手が、現金ではなく株式を交換（等価交換）する手法です。

株式交換は、株式の価値が薄まってしまうデメリットがある半面、現金を使うリスクがないのでM&A効率を高めることが可能です。

起業前の皆さんにはちょっと早い話だったかもしれませんが、起業したあとに会社をどうするか、「出口」についてのパターンを知っておくことをおすすめします。

4 契約書は「性悪説」に基づいて作成する

▶ 契約書は「性悪説」で考えたほうがいい

　学生で「契約書」を交わしたことがある人は少ないと思うのでピンとこないかもしれませんが、起業するとさまざまなシーンで「契約書」が交わされます。

　ですから、契約書の取り扱いには注意が必要です。ちょっとした不注意でも、事業が立ち行かなくなるほどの大きな損失を被る恐れがあります。

　契約で失敗しないコツは、**「性善説」ではなく「性悪説」で契約書を取り扱う**こと。そもそも、契約書を交わさなければならないのは「信頼関係が十分でないから」だと思うくらいがちょうどいいでしょう。

　逆にいえば、**契約書がなくても取引できる人とだけ仕事をするのがベスト**ですが（深い関係があれば必ずしも契約書に頼る必要はありません）、ビジネスではそういうわけにはいきません。

　契約書を交わして仕事をスタートし、その中身についても、「こちらがチェックしなければ相手は約束を守らないだろう」という「性悪説」に基づいてチェックし、なるべく専門家にも目を通してもらいましょう（もちろん費用はかかります）。

▶ 大切なのは「心のNDA（守秘義務契約）」

　若い人は、いわゆる"ノリ"で起業してしまうケースもあるようです。契約書も交わしておらず、一緒に起業したメンバーが辞めたときに「株をいくらで買い取るか」でもめることがよくあります。

　離婚するときの親権問題や、財産問題に近いかもしれません。結婚するときに離婚の話はしないと思いますが、起業ではのちのトラブルを未然に防ぐためにも、あらかじめリスクを考慮し、契約を交わすことも検討しておくようにしてください。

　ただし、契約書を交わしていても約束を守らない人がいます。

　スタートアップ界隈でも、守秘義務契約（NDA）を交わしているにもかかわらず、顧客の情報を平気で漏らす人がいます。また、恨みを持って退職した人のなかには、「会社の仕事で知ったノウハウや顧客情報を全部使ってやる」という人もいます。

　そうならないよう、日頃から信頼関係をつくる努力が重要です。

　契約書だけに頼るのではなく、**信頼関係をきちんと醸成し、「心のNDA」を構築していく**ことを心がけてください。

第6講　会社づくりに必要な基礎知識

5 会社づくりに必要な登記、手続き、銀行口座など

▶ 登記によって「法人」は生まれる

　会社は別名「法人」と言います。漢字からおわかりのとおり、あくまでも「法の下の人格」であり、バーチャルな存在です。

　とはいえ、人間と似ているところもあります。

　人が産まれたときには、役所に行って「○日に産まれました」「名前はこうです」など出生届を申請し、受理されれば住民として戸籍ができ、晴れて国民として認められたことになります。国民として認められれば、法の下の平等や基本的人権、文化的な最低限度の生活などが保証されます。

　会社も同じです。法務局に登記（商号・名称や所在地、代表者の氏名、事業の目的などを登録し、一般に開示できるようにすること）をすることで法人格として認められるわけで、人間の場合の出生届の申請のようなものです。

　法人として認められれば、法律や税制なども法人のものを適用されます。登記や各種手続きはそのためにある、と考えてください。

　「会社をつくる」とは、その組織ならではの法人格として認められるための手続きをする、ということなのです。

140

▶ 個人（社長）と法人（会社）は別物

「会社＝社長である自分そのもの」と思う人もいるかもしれませんが、社長個人と法人は、別人格です。

とくに「一人株式会社」（株主が社長だけ）の場合、「自分＝会社」と誤解するケースが多いのですが、**会社は会社、自分は自分**なのです。

銀行口座も自分の口座ではなく、会社の口座が必要です。会社が万一破産したとしても、自分が破産するわけではありません。

基本的には会社と経営者は別物で、法人には法人のルールが適用されます。そこは誤解しないようにしてください。

それで都合がいいことも多いのですが、一方で厳しい規定を守る必要があります。

たとえば、株式会社なら株主総会の開催や議事録をはじめとする公文書の取り扱いなど、こまかいルールを厳守しなければなりません。

法人格を生み出すことには、それなりの責任が生まれるのです。

銀行口座に関しても、会社の口座には会社のお金がプールされています。それを社長個人で使用することは基本的にできず、移行する場合は「貸付」などの会計処理が必要なのです。

第6講 会社づくりに必要な基礎知識

6 登記に必要な手続きは専門家に任せよう

▶ 手続きは専門家に任せたほうがいい

先ほど「会社をつくるには法務局で登記する」と言いましたが、**起業するにあたって必要な手続きは、専門家に任せるのがベスト**です。専門家には、資格と責任があります。

登記であれば司法書士、労働関係であれば社会保険労務士（社労士）、税金については税理士など、それぞれの専門家に依頼しましょう。

司法書士に依頼しなくても登記はできますが、わざわざ法務局に行って窓口で相談し、指示を受けて書類を準備し、間違いがあれば訂正するなどの作業は非常に煩雑で、手間も時間もかかります。

それを資格者である司法書士に任せれば、責任をもって処理してくれます。

労働関係や税務、法律問題なども同じで、**適切な専門家に任せることで、起業家は事業に専念できる**わけです。

▶ 責任範囲を明確にしよう

ただし、専門家がすべての問題を自動的に解決してくれるわけではあ

りません。

　たとえば社労士は、労働に関する問題が生じたときに助言やサポートをするのが基本です。あなたの代わりに全部対処してくれるわけではありません。あくまでも、責任範囲を明確にして頼ることが大切です。

　しかし、最終的に意思決定をするのは、経営者です。アドバイスに関しても、専門家としての知見に則(のっと)っての助言ですから、それを踏まえてどう行動するのかは自分で決める必要があります。任せるところは適切に任せることが大事ですが、「すべてを頼り切る」のは経営者として正しい態度とはいえません。

　「専門家は、責任の範囲内でのみサポートする存在なんだ」と認識しておいてください。

　野球にたとえると、起業家は選手で専門家はコーチ。ピッチングコーチ、キャッチングコーチ、バッティングコーチなどさまざまなコーチが存在しますが、最終的にプレーするのは起業家その人なのです。

第6講　会社づくりに必要な基礎知識

7 起業は「攻め」だが「守り」も固めなければならない

▶「成長」を志すなら「守り」を固めておく

　さまざまな手続きをこなして、無事、起業にこぎつけたとしましょう。しかし、まだ安心はできません。会社が軌道に乗り、規模が大きくなればなるほど、管理しなければならないことが増えていきます。

　大きなことをしようとすると、「攻め」だけでなく「守り」も固めなければなりません。守りの基本は管理ですが、とくに最近は従業員に対する考え方が変わってきています。

たとえば、従業員が増えて40人以上になった場合、障害のある人を1人以上雇用する必要があります（民間企業における障害者の法定雇用率は2.5％と定められている：2024年度）。

有給休暇や残業の正しい管理もそうです。正しく行っていないと、退職後に未払残業代を請求される可能性もあります。

また、リモートワークが主流になると、パソコンを持ち帰っていいのかどうかなどについても、明確なルールを定めておく必要があります。働く時間や働き方についても同様です。

こうしたことを放っておくと、思わぬトラブルに発展しかねません。会社を大きくすることにばかり気を取られ、あとで足をすくわれることのないように注意してください。

▶ 取引先の「与信管理」でトラブルを未然に防ぐ

管理という点では、取引先についても詳しく調査しましょう。商品やサービスを提供したにもかかわらず、取引先が倒産してしまい売上などが回収不能になることもあります。

そうならないように、「与信管理」として、事前に取引先をチェックしておくことが大切です。

与信管理というのは、簡単にいうと取引先から代金（売掛金）をきちんと回収できるかどうかをチェックすることをいいます。誰だって、返してくれそうにない相手に金を貸そうと思いませんよね？

なお、取引する会社が、法や規則を守らない反社会的な団体や個人と

145

関係がないかを確認する「反社チェック」も、当然必要です。

　また、相手に十分な資金力があるかどうかは外からは見えづらいので、会社の代表者が信頼できそうかなど、ウェブも含めて情報を収集しましょう。そのうえで、最終的には自分で判断するしかありません。

　信用できない相手と取引すると、仕事をしても入金がなく、売上があがっているのにお金が入ってこないなどといったことになる場合があります。

これらのことから、**事業を大きくするには、社内外を含めたコーポレートガバナンス（会社が不正や不祥事を防いで健全な経営が行えるように監視・統制するしくみ）が欠かせない**のです。

　そのためにも、ここでお話ししたことを参考に、起業後も「会社のアップデート」を続けていただきたいと思います。

＊　　　＊　　　＊

　会社を起業したら、次はその会社を経営していく、というフェーズに入っていきます。経営がうまくいき事業が軌道に乗ると、また次の課題にぶち当たります。事業環境の急激な変化や、組織や人の問題などです。さまざまな困難を乗り越えていくなかで、経営者としての新たなステージが待っています。

　さて、僕の講義はいったんここまでです。今ある会社に「就活」して入社する、という以外に、「起業する」という選択肢もある、ということがわかっていただけたでしょうか。

　しかも、あなたが考えている以上に、起業のハードルは低いのです。実際、大学に在学中に起業するという人も、だんだん増えてきました。僕の話を聞いて、皆さんのなかに「起業したくなった」という人が１人でもいてくれたらうれしく思います。

COLUMN

会社はどうやってつくるのか
── 社名を決める＝覚悟を決める

社名を決める際のポイント

　会社にとって、社名はとても大切です。多くの場合、社名を決めるというのは初めての経験であり、「なかなか決めきれない」ということもあると思います。そこで、社名のつけ方のポイントをいくつか紹介しましょう。

　最も重要なのは、覚えてもらうこと。3〜4字ぐらいの略称がつくれるような名前がおすすめです。

　また、社名に想いを込めすぎると、たいてい造語になります。第三者にとって意味不明すぎると、社名を知ってもらうために認知コストがかかりますから、最低限、意味がわかるネーミングをおすすめします。そのほうが、認知コストを抑えることができます。社名の知名度は、商品・サービスの利用者数だけでなく、採用にも影響します。

社名を決めることは"魂を生み出す"こと

　いったんつけた名前も変えることができるため、社名変更の例はたくさんあります。

> 覚えやすく、意味があり、将来の成長にも対応できる社名が理想的！

　メルカリはもともとコウゾウという社名でしたし、ZOZOTOWNも、もとの社名はスタートトゥデイです。最近であれば、ニデック（日本電産）などの例もあります。

　このように途中で社名を変更するケースは少なくないですが、彼らは事業がうまくいっているからいいものの、起業当初は社名で損をしないようにしたいところです。

　とくに起業初期は、社名とメインのサービス名が別々だと、会社について知ってもらうことと、サービスについて知ってもらうことが必要となり、2倍のコストがかかります。

　使える資源や財源（リソース）が限られているぶん、効率が悪いというのは致命的です。「あとから変えればいい」と安易に考えるのではなく、最初からサービス名と同じにするなど、わかりやすいものを選択するようにしましょう。

　社名を決めて法人をつくることは、"魂を生み出す"行為です。あとで変えることができるので、ノリで決めるのも"アリ"ですが、せっかく起業するなら一度はじっくり考えてみることをオススメします。

おわりに

▶ やりたいことをやるために

　現在、起業家として活動している僕を見て、「夢を実現した人ですね」と思うかもしれませんが、実はほかにやりたいことがあったのです。

　はじめはプロ野球選手。そして、プロ野球選手を挫折してからは大学教授をめざしていたのですが、当時の諸事情から結局は諦めてビジネスの道へと進みました。

　しかし起業家になって成果を上げたことで、お金に対する困りごとが減り、野球や学問など、かつて諦めたことにもチャレンジできるようになりました。

　では、お金があれば安心かというと、そうではありません。お金があれば不安が消える人もいますが、それは育った環境や取り巻く人・情報などによって異なり、いくらお金があっても不安な人もいます。僕の場合もそうでした。

　幼少期の頃は父も羽振りが良かったのですが、徐々にお金がなくなっていく様を見ていたので、「一寸先は闇だ」と常に思っています。

　それでも、奨学金など一定のまとまったお金が入れば、「食うためにお金を稼ぐこと（ライスワーク）」の比率をコントロールすることができます。やりたいことができるのです。

やりたいことは、得てしてお金にならないものです。

僕の場合、教育の仕事や家族との時間は、言ってしまえばビジネスではありません。恩返しもビジネスではない。地方独立球団もお金になる仕事ではありません。

ただ自分がやりたいことだったのです。

▶ 起業の道筋としてのM＆A

まとまったお金を手に入れるための手段、それが僕には、起業してM&A（売却）をすることでした。

M&A（売却）はエグジット（出口）ではありません。事業をより伸ばすために、また働く従業員の可能性を最大化するために、選択肢の1つとして常に考えておく必要があります。

旬でなくなった事業を閉じ、そこで働く人々にもっと儲かるところで働いてもらうことは、資本主義の論理上も合っています。

次の人にバトンタッチしていくことは、これからの時代、もっと増えていくと思います。

もちろん、必ずしも高値で取引されるとは限りません。無償だと贈与になってしまうので、1円で売るようなケースもあります。

一方で、起業して売上・利益をつくるよりも、計画上伸びることを証明できれば、会社をより高く売ることができるのも事実です。

ただし、はじめから売却することを前提に会社をつくると、たいていうまくいきません。事業をいかに伸ばしていくかがいちばん大切だからです。

成長を目指し、事業を拡大できる状態をつくった上で、自分がやるよりもほかの人が経営したほうが伸びる、つまりもっと大きい会社が資金を使って伸ばせると判断できれば、M&Aで渡すという判断もあっていいのです。

　だから僕は、経営の選択肢にM&A戦略を用意しておくことを推奨しています。

　株式公開（上場）も、M&Aの一種です。

　M&Aを出口として考えていくことは、キャリアにおける1つの道筋です。

　まとまった資金を得られる可能性も出てきますし、それができると、やりたいことにチャレンジできます。株式つまり会社を売るだけでなく、事業を売ることもそうです。会社を渡したくない場合でも、事業を渡すことは十分に可能です。

▶ 起業にはチャンスしかない

　起業は、個人のキャリアを拡張する役割も果たします。

　起業した後、M&Aをしたり会社をたたんだりしながら、再び別の会社に入ることも可能です。あまり語られていませんが、そのような人は意外と多いです。

　独立起業しても限界を感じたり、向いていなかったり、やむを得ず撤退する人もいます。チームのなかでのほうが、力が生かされることもあります。

　起業したとしても、就職したり、別の会社に入ったりできるのです。

だから、できるだけ早い段階で起業を経験するべきです。

チャレンジするなかで自分ができる仕事の範囲を広げていき、再び会社員として戻れば、異なる視点で物事を見ることができます。

僕もM&Aによって別の会社の一員になったことがあります。転職活動をしたわけではありませんが、起業したことが実質的に転職になりました。

それによって視野が広がり、いろいろな考え方に出合うことができました。起業という選択が、キャリアの可能性を広げてくれたのです。

＊　　＊　　＊

僕は起業することで、お金を手に入れ、キャリアの選択肢や素敵な人脈も広がりました。結果的にやりたいことに向き合えています。

起業は多様な可能性を秘めています。

ぜひ早い段階から行動し、さまざまなキャリアの道があることを知ってください。

起業にチャレンジするあなたの未来には、チャンスしかないのです！

スタートアップの基本用語

ここでは、本書に登場したスタートアップに関する用語と、一般的によく使われている用語を簡単に説明します。今後、皆さんも耳にする機会が多くなると思いますので、頭のすみに入れておいてください。

ア行

アーリー期
スタートアップの成長ステージ（「シード」「アーリー」「ミドル」「レイター」）で、シード期のあとに続く2期目の段階で、スタートアップが急速に成長する時期。

IPO
株式を上場することや、新規公開株のこと。Initial Public Offeringの略。

アントレプレナー
起業家、創業者のこと。ゼロから起業して、革新的な製品・技術・サービスを世に問い、新しい市場を切り開いていく人。

イグジット（エグジット）
スタートアップなどで、創業者など株式を保有する人が、保有する株式を第三者に売却して利益を得ること。EXIT（出口）。

イノベーション
今までになかった革新的な製品・技術・サービスを生み出すこと。

インセンティブ
その会社の関係者のモチベーションを高めるための動機。仕事の成果に対して支払われる広い意味での「報酬」。

M&A
2つ以上の会社が1つになったり（合併）、ほかの会社を買ったりすること（買収）。Mergers and Acquisitionsの略。

LLC
合同会社のこと。Limited Liability Companyの略。

LLP
有限責任事業組合のこと。Limited Liability Partnershipの略。

LPS
投資事業有限責任組合のこと。Limited Partnershipの略。

LP
投資事業有限責任組合の有限責任社員のこと。Limited Partnerの略。

エンジェル（投資家）
スタートアップの創業期（シード、アーリー）に、主に金銭面で支援してくれる個人投資家のこと。自身がスタートアップの経営者の場合もある。

オープン・イノベーション

イノベーションに必要な情報や知識を、社内外から募るという考え方。

カ行

GAFAM

グーグル（Google）、アップル（Apple）、フェイスブック（現Meta Platforms, Inc.）、アマゾン（Amazon）、マイクロソフト（Microsoft）の頭文字を取ったもの。

キャッシュ・フロー

会社に入ってくるお金と出ていくお金の流れのこと。

キャピタルゲイン

株式から得られる2つの利益（配当益、売却益）のうち、売却益のこと。

クラウド・ファンディング

企業やプロジェクトが、広く一般から直接資金を集める方法。自社情報・製品情報・調達目標金額を知らせ、第三者の投資を募る。投資の対価として、会社やプロジェクトの製品が渡されるケースが多い。

コーポレート・ガバナンス

不祥事を防ぎ、より多くの投資を受けるために定めた会社経営のしくみ。

コンプライアンス

法令やルールを遵守すること。企業がかかわるすべての企業・個人との間でトラブルを発生させないよう、ルールを守った経営をすること。

サ行

CEO

最高経営責任者。Chief Executive Officerの略。

CFO

最高財務責任者。Chief Financial Officerの略。

COO

最高執行責任者。経営に関する意思決定と、決定したことの実行（執行）が分かれている企業において、執行を行う最高責任者。Chief Operating Officerの略。

CTO

最高技術責任者。Chief Technology OfficerまたはChief Technical Officerの略。

シード期

スタートアップの成長ステージ（「シード」「アーリー」「ミドル」「レイター」）の最初のステージ。成功のための基盤を築く重要な時期。

スタートアップ

革新的な製品や技術、新しいビジネスモデルを世に問い、イノベーションの創造や構築し、投資家からの資金調達を受け、（上場やM&Aを目標として）急拡大を目指すベンチャー企業のこと。短期間で新たな市場を開拓して急成長を目指す。

155

ステークホルダー

株主・従業員・顧客・取引先など、企業のかかわるあらゆる利害関係者のこと。

スモールビジネス

できるだけ人材や資金を使わずに行う、小さくまとめた事業のこと。

ゼロイチ

まだ世の中に存在しない（ゼロ）製品やサービス、価値をつくり出す（イチ）こと。0から1を生み出すこと。

タ行

タムサムソム

スタートアップが投資家に対し、市場規模を説明するために考えられたフレーム「TAMSAMSOM」。

TAM：ターゲットとなりうる市場全体の規模。市場全体で支払われる年間総額

SAM：TAMのうち競合に流れる層を除外した規模

SOM：SAMのうちアプローチできる層。いちばん現実的な数字

TOB

株式公開買い付け。期間・株数・価格をあらかじめ提示し、取引所外で株式を買い付ける方法。Takeover Bidの略。

デットファイナンス

返済義務のある借金による資金調達のこと。

投資ラウンド

投資家がスタートアップに対する投資額を決める判断材料の1つ。スタートアップ企業を成長ステージごとに分けて投資額を決める参考にする。

ハ行

ピボット

企業経営や事業戦略を方向転換すること。とくにスタートアップやベンチャー企業による主要事業の方向転換を指す。

BtoC

消費者を顧客とするビジネス。Business to Consumerの略。

BtoB

事業者を顧客とするビジネス。Business to Businessの略。

ファイナンス

会社の資金調達（手段）のこと。大きく、エクイティ・ファイナンス（株式発行などによる資金調達）とデット・ファイナンス（借入による資金調達）の2種類ある。

ファンド

投資のために集めた資金や、それを運用する投資会社のこと。もともとは「基金」という意味。

フィンテック

金融（Finance）と技術（Technology）を組み合わせた造語。金融サービスとIT技術を結びつけた新サービスのこと。

ベンチャー（企業）

革新的な製品や技術、アイデアを世に問い、外部から多額の資金調達をしてIPOやM&Aを目指す企業。スタートアップも同じ意味で使われることがある。

ベンチャー・キャピタル（VC）

ベンチャー企業に投資する企業のこと。投資した企業を上場させることで収益を得る。

マ行

ミドル期

スタートアップの成長ステージで、アーリー期とレイター期の間の段階。アーリー期の初期成長を乗り越え、さらなるスケールと持続可能な成長に向けての準備と推進を行う段階。

メタバース

3Dでつくられた仮想空間のことで、そこで行われるサービスも含む。

メンター

会社経営などに関して、創業者が意見などを仰ぐ師匠や指導者のこと。

ヤ行

ユニコーン（企業）

創業して10年内に10億ドル以上の評価をされた非上場の企業のこと。「非常に珍しい存在」ということから、伝説の生物の名がつけられた。アメリカのSpaceX、OpenAI、中国のByteDanceなど。現在の大企業Meta Platforms（旧Facebook）やGoogleなどもユニコーンだった。

ラ行

リターン

投資してどれだけ儲かるか（儲かったか）、株式への投資額と売却額の差。また、クラウド・ファンディングで投資家へ返礼される製品など。

レイター期

スタートアップの成長ステージで、「ミドル期」より成熟した段階。

レバレッジ

少ない資金を「てこ」のように使い、大きなリターンを獲得しようとすること。

ローカルベンチャー

地方にあるものを利用して新たな価値観を提供するベンチャー企業のこと。地方は人件費や事務所の家賃が都市部より安く、ベンチャーに必要なトライ&エラーを積み重ねやすい。

ローンチ

新商品や新サービスを世に出すこと。

STAFF

出版プロデュース	中野健彦
編集協力	高関進
デザイン	吉村朋子
本文イラスト	江口修平
カバーイラスト	須山奈津希
校正	植嶋朝子
編集担当	池上直哉

PROFILE

福山敦士 (ふくやま あつし)
連続起業家／ビジネス教育研究家

新卒でサイバーエージェントに入社、グループ会社の取締役に就任。

2016年独立し、株式会社レーザービームを創業。クラウドソーシングサービスを立ち上げ、東証スタンダードの株式会社ショーケースにM&A、同社取締役に就任。YouTube事業を立ち上げ、東証プライムの株式会社スカラのグループ企業へ譲渡。営業支援会社のDORIRU（旧ギグセールス）をM&A。事業拡大後、ソニーグループ関連企業へM&A。

2023年、プロ野球独立リーグ香川オリーブガイナーズ球団をM&A、代表取締役社長に就任。「学問をつくる」活動として慶應義塾高校、鎌倉学園高校、尽誠学園高校にて講師（ビジネス探求／実践講座）を務める。高校時代は甲子園ベスト8。著書累計13万部。3児のパパ。

10代のうちに知っておきたい
起業家マインド

著者　福山敦士
編集人　栃丸秀俊
発行人　倉次辰男
発行所　株式会社主婦と生活社
　　　　〒104-8357 東京都中央区京橋3-5-7
　　　　Tel 03-5579-9611（編集部）
　　　　Tel 03-3563-5121（販売部）
　　　　Tel 03-3563-5125（生産部）
　　　　https://www.shufu.co.jp

製版所　株式会社公栄社
印刷所　大日本印刷株式会社
製本所　小泉製本株式会社
ISBN978-4-391-16444-2

Ⓡ本書を無断で複写複製（電子化を含む）することは、著作権法上の例外を除き、禁じられています。本書をコピーされる場合は、事前に日本複製権センター（JRRC）の許諾を受けてください。また、本書を代行業者等の第三者に依頼してスキャンやデジタル化をすることは、たとえ個人や家庭内の利用であっても一切認められておりません。
JRRC（https://jrrc.or.jp/ eメール：jrrc_info@jrrc.or.jp TEL：03-6809-1281）

＊十分に気をつけながら造本していますが、万一、落丁・乱丁の場合はお取り替えいたします。お買い求めの書店か、小社生産部までお申し出ください。
Ⓒ Atsushi Fukuyama, 2025 Printed in Japan